朝日新書
Asahi Shinsho 419

新幹線とナショナリズム

藤井　聡

朝日新聞出版

りとも貢献することを——日本の未来を左右し得る国民的大事業となるに違いない２０２０年の東京オリンピックの実現とともに——心から祈念したい。

新幹線とナショナリズム　目次

第三章　ナショナリズムがつくりあげた「新幹線」　77

第五章　つなげよう、ニッポン！　155

第一章　ナショナル・シンボルとしての「新幹線」

2011年3月12日：打ちひしがれた日本の小さな希望の灯火

2011年3月11日、私たちは、かの東日本大震災の激甚な被害に見舞われてしまいました。

当時、この大震災によって、東北の方々を中心とした日本国民は徹底的に打ちひしがれ、日本はもう二度とかつてのような輝きを取り戻すことはできないのではないか——そんな暗い気分が日本中を覆い尽くしていました。

そんな中、日本国民にとっての小さな希望が一つ、動き始めます。

大震災のまさに「翌日」、3月12日に全線開通した「九州新幹線」です。

震災翌日ということで当初予定されていた式典は中止され、九州新幹線は、静かに鹿児島—博多、そして大阪間を走り始めました。

この開通は、九州の人々のみならず、私たち日本国民にとって、そしてとりわけ、東北の人々にとって、歴史的な意義を持つものでした。

なぜならこの開通によって、九州最南端の鹿児島から本州最北端の青森まで、「新幹線」が全線開通し、九州から東北までが一つに「つながった」ことを象徴するからです。

そして東北新幹線は、被災によりその運転を一時中止しましたが、わずか49日間で復旧を果たします。そしてちょうどその頃から、あるテレビコマーシャルがインターネット上で注目を集め始めました。「祝！　九州」と題されたそのCMは、開通した九州新幹線を沿線各地の日本国民が皆で「祝福」する、というものでした。

テレビ上では、震災直後にその放送は取りやめられたのですが、インターネット上では異例の180秒ヴァージョンも含め、様々なヴァージョンが配信されました。内容は至ってシンプルで、鹿児島から出発した九州新幹線の窓から撮影された風景が、マイア・ヒラサワの軽快な音楽とともにただひたすらに映し出されるというものです。

そしてその車窓からの映像の中では、たくさんの人々がこちらに向かって手を振っています。それは言わば、九州全土を巻き込んだ巨大スケールの「人間ウェーブ」です。

ある人は大きく手を振り回し、ある人は「祝！」とかいた旗や幟《のぼり》を持ち、ある人は演奏をしながら、ただただこちらに、つまり、九州新幹線に喜びと祝福を投げかけてきます。

インターネット上では、九州の人々の喜びや一体感あふれるその映像に「涙が出そうになった」「パワーをもらった」「被災者を勇気づける」「この力を東北まで届けたい」などの声が、動画サイトのコメント欄やSNS上に続々と寄せられました。

その後、様々なヴァージョンが再編集され、ネット上に配信されていきます。

そんな中の一つに、

「つなげよう、日本。」

という、東北新幹線のキャッチコピーを題したヴァージョンも配信されました。それは超ロングヴァージョンで、九州新幹線沿線の「人間ウェーブ」が30分以上も映し出された上で、ラストシーンは、九州新幹線から遙か北に離れた、しかし確実に一本につなげられた「東北新幹線」が映し出され、その動画は終わります。

この一連のCMは当時、様々なニュースでも取り上げられると同時に、インターネットの動画サイトで、そのアクセス数を大きく伸ばしていきました。

累計アクセス数は、2011年で350万件、これは、11年にアップロードされたすべてのYouTubeの動画のうち、音楽、震災関連動画を除く再生回数総合ランキングで1位であったといいます。

そこで描き出された日本国民からの「祝福」は、九州新幹線が開通したことに対する、そして九州と東北が新幹線で「つなげられた」ことに対する祝福です。

もちろん、それを単なる「商業用」のCMだと解釈することは可能でしょう。でも、そこに映し出された人々の喜びと祝福は、本物の喜びと祝福の姿です。関心のある方はぜひ一度、「祝！　九州」でネット検索してみてください。

新幹線で全国がつながることで、ナショナリズムが喚起された

このCMは当時、大震災によって暗く沈んだ日本に、明るい兆しの一つを投げかけました。大震災で傷ついた私たち日本人は、普段はバラバラに見えても実は「一つ」につながっている、「絆」を大切にしながら互いに助け合いながら生きていかなければならない――そんな気分が日本を包み込んでいたまさにその瞬間に放映されたのが、このCMだったからです。

つまりこのCMは、「日本列島を一つにつなげる新幹線」が「国民統合」の象徴／シンボルになっていることを表すものだったのです。新幹線が「つながる」ということが、東北から九州に至るそれぞれの地の国民が「統合」することを、暗示的に意味していたわけです。

ところで、サッカーのワールドカップやオリンピックのときには、海外と戦う日本チームを応援しながら、多くの国民は自分たちが同じ「日本人」であることを思い出し、「私

たちは一つのチームなんだ」という感覚が喚起されることがあります。しばしば、そんなときに喚起される感覚、あるいは社会現象は、「ナショナリズム」と呼ばれています。

この「ナショナリズム」という言葉を使うのなら、先ほど紹介したCMは文字通り、九州から東北までが1本の新幹線でつながり、日本全体が一つのチームなんだ、という「ナショナリズム」を喚起し、日本全体の統合をより深めたということができるでしょう。そしてそのナショナリズムは東日本大震災という「日本の国全体の大問題」に対して、同じく「チーム日本」全体で立ち向かわなければならないという共通認識によってさらに強化されたのです。

ニッポンの象徴／ナショナル・シンボルとしての「新幹線」

このCMはその典型例でありますが、この例に見られるように、多くの場合において、「新幹線」という言葉、ないし存在は、どちらかと言えば「ネガティブ」というよりは「ポジティブ」なものとして語られることが多いのではないかと思います。つまり、速くて便利で、しかも見た目もスマートで、好感度の高い乗り物として新幹線を認識している方は決して少なくないでしょう。

[図1－1] 富士山と新幹線

提供：マシマ・レイルウェイ・ピクチャーズ

しかも、新幹線が好きな子どもはたくさんいますし、そんな子どもを持つご両親も、新幹線に対して好感を持っていることが多いのではないかと思います。

さらに言えば新幹線は、今や、「日本」のシンボルにもなっています。

もちろん、日本を外国の方々にアピールするとき、その中心になるのは、伝統的な「日本らしさ」です。しかし、それと同時に現代の日本は、世界最先端の技術を持つ「技術立国」というイメージも色濃く持っています。

そんな日本という国の「古さ」と「新しさ」の双方を兼ね備えたイメージショットとして繰り返し使われてきたのが「富士山と新幹線」の写真［図1－1］です。

世界文化遺産にもなった、古き良き日本を象徴するFUJIYAMA（富士山）と、新しい技術立国としての日本を象徴する「新幹線」が同時に写り込んだ写真は、日本とはどういう国かを一目でアピールできる、極めて象徴的なイメージショットとなっているのです。
つまり新幹線とは、ただ単に便利な乗り物というだけではなく、日本の象徴、「ナショナル・シンボル」になっているのです。

でも、メディアでは「新幹線整備」は叩かれる

ところが——、

「新幹線の整備」

という、その新幹線を「つくる」という話になると、途端に印象が変わってしまうことがしばしばです。
おそらくは、新幹線整備という言葉を聞けば、

「無駄な公共事業じゃないのか？」

という風にお感じになる方は決して少数ではないものと思います。つまり、「大量のおカネがかかる」わりには、さして効果はなく、結局はどこかの地方都市の人々の〝地域エゴ〟の話でしかなく、かつ、大規模な資金を使って得をするのはごく一部のドケン屋さんとか政治家さんたちだけだ――というイメージをお持ちの方はおられるのではないかと思います。

人々は新幹線そのものに対しては好感を持っているにもかかわらず、それを「整備」する話になると、途端に嫌悪の念を抱くというケースが往々にしてあるようなのです。

なぜそのような認識が世間に広まってしまったのかと言えば――いろいろな理由があるのでしょうが、とりわけ重要な理由を「マスメディアの報道姿勢」に求めることができそうです。

例えば、先に触れた九州新幹線を含めたいくつかの新幹線の路線の着工が政府によって決められたとき、日本を代表する大手新聞社は、その決定に対して極めて強い批判的論調の記事を掲載しました。

たとえば、日本経済新聞の社説（2000年12月13日）［図1－2］では、次のように述べられています。

「ばらまき財政の亡霊がさまよっているようだ。（中略）政策評価の対象としてまじめに検討した形跡もない」

この社説のタイトルは「状況をわきまえぬ整備新幹線の暴走」なるものだったのですが、こうした社説に触れれば、新幹線の整備なんてものは、ただ単にカネを「ばらまく」ためだけに行うもので、誰も「まじめに」その必要性なんか考えちゃいない、だからどうせできあがるのは「無駄なモノ」なのだろう——と思ったとしても、致し方なかろうと思います。

しかし、当時の記録をひもとけば、日経新聞が「まじめに検討した形跡もない」と断定している記述が明らかな誤りであることが、京都大学の中川大《なかがわだい》教授によって専門誌『運輸と経済』の論説の中で明らかにされています。

中川教授は、前記の社説を紹介し、

［図１－２］　日本経済新聞の社説（2000年12月13日付）

2年）12月13日（水曜日）　14版　総合・政治　2

社説

状況をわきまえぬ整備新幹線の暴走

その様は、今や破たんが明らかになったばらまき財政の亡霊がさまよっているようだ。政府・与党の整備新幹線検討委員会は北陸、九州両新幹線のほぼ全区間をフル規格で建設することを決めた。

東海道新幹線並みのこの工法を採用すれば、スーパー特急などのやり方に比べ事業費は跳ね上がる。上越―糸魚川間など三区間の来年度着工に備え、運輸省は千五百億円の予算を要求する。今年度に比べ四・三倍。公共事業費の見直しが議論される状況下で突出した伸びである。

苦しい財政に特別な振る舞いを求めるには特別の理由がなければならないが、そうした理屈は何もない。政策評価の対象としてまじめに検討した形跡もない。あるのは旧態依然、政治の圧力だけだ。

かつて北陸新幹線の一部がスーパー特急方式で建設されることが決まった時、フル規格でなかったことに不満を訴えた支持者に対し、地元選出の有力政治家は「計画などすぐに変えられる」とうそぶいた。今まさに、その通りの無法政治が展開されているのだ。

おそらく費用対効果を厳しく査定すれば、これらの事業は予算化に耐えられないだろう。目先の採算だけではない。中長期的に見ても整備新幹線が地域経済の活性化にどれほど貢献するかは不透明だ。

中央から際限なく財政資金が分配されてきたこれまでと違い、今後は限られた予算の中で地域にとって本当に必要な事業は何か、優先すべきものは何かを地元が自らの手で厳しく選別していかなければならない。整備新幹線の事業化にあたってはどの地域でもこうした視点が全く見られなかった。

ずさんな事業で割を食うのは国税の納税者だけではない。地元住民にもつけは回る。

地方自治体はひっ迫する地方財政をやりくりしながら、これから長い間、工事費の地元負担分を払い続けなければならない。在来線が分離され通勤電車にも不自由しかねなくなる市町村の住民もそのための税金を負担していかなければならないのだ。こうした問題を考えた上で、新幹線が地元にとって最優先の課題だと一体だれが決めたのか。

整備新幹線の予算要求には財源の裏付けがない。まして再来年以降の見通しもない。だれも責任をとらない無責任列車の暴走はすぐにでも止めなければならない。

「政策評価の対象としてまじめに検討した形跡もない」という、事実とは異なる記述をもとに書かれている

「それぞれの新聞が賛成か反対かの主張を述べることについてはなんら問題はないが、事実と異なることを書いたり、読者に誤解を与えるような表現を用いたりしてはいけない」

と述べた上で、

「(前者の日経新聞の) 社説について検証すると、2000年12月の政府与党による着工決定の際には、着工区間の採算や費用対効果の計算結果が公表されており、『まじめに検討した形跡もない』は明らかに事実とは異なる」

と指摘しておられます。ちなみに、その政府の発表資料には、民間シンクタンクによる試算も併記するなど、客観的な発表に努めようとしている姿勢もうかがえるような資料であったとのことでした。

そして当然、その資料は会議でも配布され、(現時点でも閲覧できる) ホームページに掲

載されています。中川教授はこうした事実を指摘した上で、政府がそうした検討を行っているという「事実」を、

「新聞社が知らなかったということはあり得ない」

と断じておられます。

もちろん、新聞社が本当に知らなかったということもあるのかもしれませんが、もし知っていたとするなら、なにゆえに中川教授が指摘するような「ウソ」を書いたのか――筆者はここで確認することはできません。

しかし、その背景に何があろうとも、この虚偽の上に書かれた社説が、日本国民に新幹線の「整備」に対してネガティブな印象を与えたという事実の存在は、間違いないでしょう。

メディアの中で繰り返される「新幹線の整備」叩き

この報道に象徴的に見られるような、新幹線の整備を否定的に見なす報道は、定期的に

繰り返されています。

例えば、新幹線の整備に対して様々な努力を重ねられた小里貞利《おざとさだとし》元衆議院議員は、筆者とのインタビューの中で、次のように発言しておられます（拙著『維新・改革の正体』より）。

マスメディアは、ローカル紙は賛成した。だけど、中央紙がね……中央新聞とか、社説も私はたくさん持っているが、毎年、概算要求、あるいは予算編成の12月になると、挙げて中央新聞は論説で叩くんです。

私は、ある日、『なぜ新幹線をつくってはいけないのか』という反論の趣意書を書いて、各新聞社に載せてくれと言いに行ったのですが、採用して載せてくれた新聞も1社だけありましたけれども、それぐらい、あとは皆、載せてくれない。とにかく、中央では新幹線というものは一貫してまさに四面楚歌ですね。

あるいは、先の中川教授の指摘では、新幹線の整備を巡る大手新聞社の記事や社説の中には、

「空気を運ぶ新幹線」
「赤字垂れ流し」
「雪だるま式赤字」
「採算の悪い無駄な公共事業の代表」

などといった表現が、繰り返し登場し続けたという様子を報告しています。

ホントに、新幹線の整備は「無駄」だったのか?

では、新幹線の整備を「無駄」と言い続けたこうした報道は、正しかったのでしょうか?

この新幹線の整備の件について言うなら、2000年から12年以上が経過し、既に九州新幹線が開通した今となっては、当時のメディアが指摘したように「空気だけを運んでいるかどうか」「赤字が垂れ流されているのかどうか」「結局つくったところ、無駄だったのかどうか」を検証することができます。

この点について言えば、答えは明らかです。

メディアでの報道とは裏腹に、今、九州新幹線は大きな成功を収めています。

そもそも、博多―鹿児島間は、かつて在来線で行けば3時間40分もかかっていましたが、新幹線開通後には、実に1時間19分で行けるようになりました。所要時間は2時間20分も短縮され、半分どころか3分の1に迫るほどの勢いで、劇的に時間が短縮したのです。

この時間短縮のインパクトは、実に大きなものでした。

博多―熊本間の鉄道利用者は半年間で約1・4倍、熊本―鹿児島間では実に1・64倍になっています。定期利用だけに限れば、開通後1年で、博多―熊本間において、実に「20倍」程度にまで増えています。

つまり、九州内の人の流れは、確実に活性化したのです。

しかも、活性化したのは、九州エリア内の人の流れだけではありません。関西をはじめとした諸地域と九州との間の流動も飛躍的に増加しています。

例えば、京阪神と熊本の間で、飛行機や鉄道で移動した「総旅客数」は、開通前に比べて開通1年後には約4割も増加しています。

そして、「JR西日本」は、大変大きな収益増の恩恵にあずかることとなりました。九州新幹線の開通により、大阪から熊本や鹿児島に移動する人々が大幅に増えたからです。実際、新幹線が開通した年には、当初、年間の収益として「85億円」を見込んでいましたが、九州新幹線開通の恩恵を受け、その見通しを段階的に上方に修正し、150億円にまで増額させたのです。デフレ不況、しかも、震災によって経済が低迷している中、実に65億円も収益を増加させるというのは、並大抵のことではありません。

つまり九州新幹線は、かつては新聞に「空気を運ぶ」と言われていたにもかかわらず、今や、九州内外の大量の人々を運んでいるのであり、「採算の悪い無駄な公共事業の代表」と言われていたにもかかわらず、JR「九州」のみならず隣接会社であるJR「西日本」にまでその経済効果は波及し、多大な収益増をもたらしているのです。

新幹線の整備は、都市の「命運」を分けてきた

さらには、新幹線の整備は、その沿線の街の「命運」を分けるほどの巨大な影響力を持っています。

［図1－3］をご覧ください。

この図は、1876（明治9）年時点での、人口が多い都市の1位から15位までの都市

［図１－３］1876（明治９）年の時点における人口ベスト15都市

資料提供：波床正敏大阪産業大学教授

（つまり、人口ベスト15都市）を示しています。

ご覧のように、現在でも、大都市であり続けている東京や大阪、名古屋といった都市もある一方で、現在では、必ずしも「大都市」と言われなくなったかつての大都市も、数多くあることがわかります。

一方、［図１－４］は、現在の大都市を示している地図です。この地図は、東京ならびに、政令指定都市を示したものですが、和歌山、徳島、富山、金沢、熊本、鹿児島、

［図１－４］　現代の大都市（政令指定都市および東京）

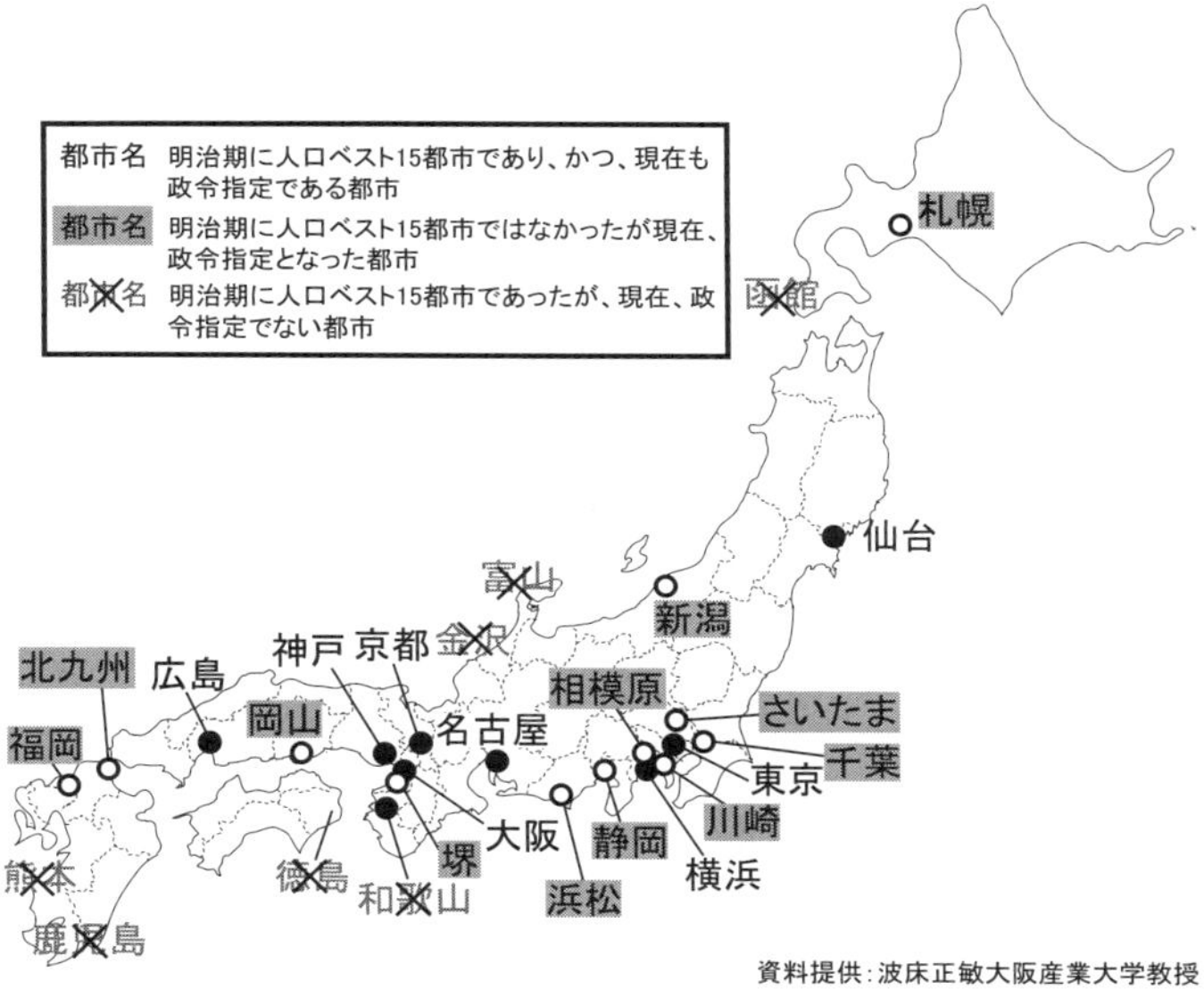

資料提供：波床正敏大阪産業大学教授

函館の7都市が、明治期には人口ベスト15都市であったにもかかわらず、現代では、大都市の象徴である「政令指定」を受けられなくなってしまっています。言わばこれらの都市は、残念ながら、この近代の歴史の中で相対的に「衰退」してしまったのです。

その一方で、明治期には「人口ベスト15都市」には含まれていなかった札幌、さいたま、千葉、相模原、川崎、静岡、浜松、新潟、堺、岡山、北九州、福岡といった街々は、いずれも、政令指定都市となっていますが、これらの街は、明治から平成にかけて、この近代の歴史の中で、大いに「発展」してきたのです。

では、近代日本における都市の「発展」と「衰退」を分けたものは一体何だったのでしょう?

もちろん、その理由には、様々なものが考えられますし、それぞれの都市にそれぞれの事情があることは間違いありません。

しかし【図1−5】は、そうした都市の「発展」と「衰退」を分けた重要な「要因」が存在していることを、明確に示しています。

この【図1−5】は、現代で政令指定都市となっている都市と、明治期から衰退した都市、ならびに、(2010〈平成22〉年時点の)新幹線の路線網を示したものです。

ご覧のように、「明治期において人口ベスト15位に入っていたにもかかわらず、現在、政令指定都市ではなくなった都市」、すなわち、和歌山、徳島、富山、金沢、熊本、鹿児島、函館の「明治期から衰退した七つの都市」にはいずれも(少なくとも2010年時点までは)、新幹線が通っていないということがわかります。

その一方で、「明治期において人口ベスト15位に入っていなかったにもかかわらず、現

［図１－５］　現代の大都市（政令指定都市および東京）と明治期から衰退した諸都市と、新幹線（2010〈平成22〉年時点）

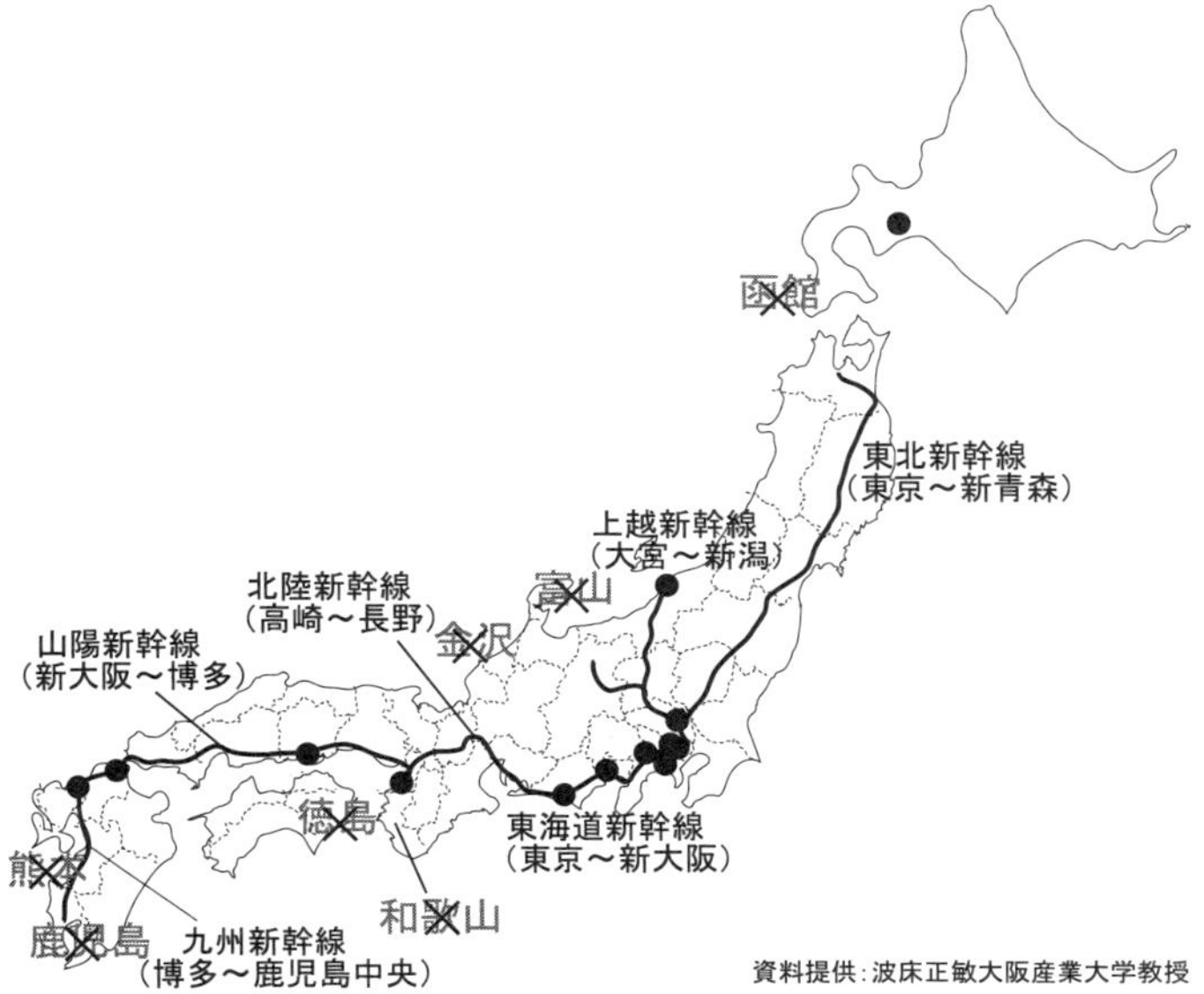

資料提供：波床正敏大阪産業大学教授

在、政令指定都市となった都市」である千葉、相模原、川崎、静岡、浜松、新潟、堺、岡山、北九州、福岡、札幌といった「明治期から発展した都市」は（いわゆる「道州制の首都」に選ばれた札幌という例外を除いて）いずれも、「新幹線が通る都市圏に位置している」ということがわかります。

　つまり、「新幹線の整備投資が行われた都市は〝発展〟し、新幹線の整備投資が行われなかった都市は大なる可能性で〝衰退〟していった」、というのが、日本の近代の歴史だったのです。

要するに、**都市の盛衰を分けたのは、新幹線整備**だったのです。

そんな象徴的な都市が、熊本です。

実は熊本は、九州新幹線の沿線都市ですが、九州新幹線が全線開通した2012(平成24)年に政令指定都市に格上げされています。

熊本市は、九州新幹線が全線開通する以前から一部区間が整備されて、熊本駅前を中心に様々な民間投資が進められていたところでした。デフレ不況が深刻化し、大多数の地方都市が衰退し続けている中、熊本市が発展を遂げることができた背景には、九州新幹線の整備が大きなインパクトを及ぼしていたことは間違いありません。熊本は明治期にベスト15に入っていたにもかかわらず、それ以後十分な交通投資がなされずに衰退、しかし現代において遅ればせながら新幹線という大規模投資のおかげで大都市に「復帰」を果たしたわけです。

なお、こうした「復帰」を果たしたのは、唯一熊本だけでありますから、この例からも新幹線整備のインパクトの大きさがわかります。

そしてこの熊本以外でも、新幹線整備が、都市の発展に多大な貢献を果たしている事例は、全国で散見されます。

例えば、東北新幹線の沿線都市である宇都宮市は、新幹線が開通する直前には、人口が40万人でありましたが、新幹線の開通後、デフレ不況をものともせずに順調に人口を伸ばし続け、50万人を超え、今や北関東三県の中で最大の都市にまで成長しています。しかし、新幹線が開通しなかった栃木県第二の都市であった栃木市は、15万弱あった人口が、新幹線が宇都宮に通ってから徐々に減少し、2010年には14万人を割り込んでいます（人口の変遷には合併の影響もありますが、それを差し引いてもそのトレンドから新幹線の影響は明白です）。

同じく上越新幹線の整備は、群馬県の二つの都市の命運を大きく分けました。群馬県で一番大きな街は、県庁所在地である前橋市であり、第2位が高崎市でした。しかし、上越新幹線が開通した高崎市は、新幹線開通後、順調に人口を伸ばしていきます。一方で、新幹線が通らなかった前橋市はその後、人口が伸び悩みます。そして、今日では、新幹線が開通している高崎市が前橋市を抜き去り、県下一の人口を誇る都市となっていったのです。

つまりこうした国土の変遷は、「新幹線」の整備が都市の発展にとってどれだけ巨大なインパクトを及ぼすものであるのかを、明確に示しているのです。

まだまだ続く、新幹線の整備に対する批判的な報道姿勢

このような、過去の新幹線整備が、運輸、経済、そして、都市の規模といった様々な側面に及ぼした大きなインパクトを見れば見るほどに、かつての新幹線に対する否定的な新聞の論調は「誤り」であったことが明らかになってきます。

だとすると、こうした実際の結果を踏まえ、新聞の論調が変わってきたのかと言えば——必ずしもそうとも言い難いのが現状です。

例えば、2012年には、いわゆる、北陸新幹線、北海道新幹線、長崎新幹線の3路線の着工が決定されましたが、そのときにも、2000年に九州新幹線等の着工が決定されたときと同じように、様々な「批判的」な記事が大手新聞に繰り返し掲載されました。

まず、2011年の12月に、その着工を認める「検討」が始められた段階で、朝日新聞は、次のような社説を掲載しています。

——「費用対効果の本格的な検討もおこなわれていない。着工凍結のなし崩し的な解除は

――あまりに無責任だ」（社説『整備新幹線――新規着工の無責任さ』２０１１年12月21日より）

そもそも、新幹線の整備は、「コンクリートから人へ」という当時の政府方針を踏まえつつ、いったん「凍結」されていたのですが、先ほど紹介したような九州新幹線の開業による「大成功」と言い得る実に大きなインパクトがあったことなども踏まえ、その凍結解除が検討され始めたのです。しかもこの時点では凍結解除を決定していたわけでもありませんから、「なし崩し」という表現に違和感を覚える人々は決して少なくなかったのではないかと思います。

そしてその間、政府が実際に進めていた「費用対効果」をとりまとめ、その認可の手続きを進めていきます。そんな作業が最終局面を迎えつつあった、翌２０１２年の３月に、同じく朝日新聞には、次のような社説が掲載されます。

「（費用対効果については）学者で作る委員会がチェックし、『国交省は堅めにはじいている』とお墨付きを与えたが、首をかしげざるをえない」（朝日新聞社説『整備新幹線――これで増税が通るのか』２０１２年３月18日より）

今の時点で、この「首をかしげざるをえない」という指摘が、正しいのか否かを、ここで「断定的」に結論づけることはできません。ただしこうした新聞上の論調には、「九州新幹線」に対してかつて明らかに「過剰」な否定的報道を繰り返していた「誤り」についての「反省」が十分に反映されているとは、残念ながら思えません。

とはいえ、こうした新聞紙上の論調の「正しさ」あるいは「間違い」は、実際に新幹線が開通したあとに、判明することとなるでしょう。

その時点で、今日の報道姿勢を検証するためにも、是非とも私たちはメディア上で今、どういう報道がなされているのをしっかりとウォッチし続けておく必要があるでしょう。

新幹線の整備に見える「ナショナリズム」に対する反発

それではなぜ大手メディアは、新幹線の「整備」については、報道の客観性や公正さを侵害しているのではないかと危惧されてしまうほどにまで、否定的に報道するのでしょうか？

その理由には様々なものを挙げることができると思いますが、その最も深い部分には、大手メディア側の「ナショナリズムに対する警戒心」があるのではないかと感じています。

つまり彼らは、ナショナリズムそのものを時に暴走するなにがしか「危険なもの」「忌避すべきもの」という形で否定的にとらえており、そして、そんなナショナリズムの影を、「新幹線をつくる」という事業の背後に感じ取っているがゆえに、新幹線の整備に対して、半ば「ヒステリック」とも言い得るほどの否定的態度をとるのではないかと考えられるわけです。

冒頭で紹介したように、全国を「つなぐ」新幹線は、人々のナショナリズムを刺激するものですし、その存在そのものが、ナショナル・シンボルになり得るものです。こうした側面は、ナショナリズムの「ポジティブな側面」としてとらえられます。

しかしそれを「つくる」という段階においては、どうしても、政府や国家という次元における「ナショナリズム」の力が必要になってくるわけですが、この段階において、大手メディア側からの反発が生じてくるわけです。

これはつまり、サッカーを見て盛りあがったり、人間ウェーブで、新幹線を祝福するといった形で、ただ単にナショナリズムが刺激され、盛りあがるだけならば誰も警戒しないのですが、その力に基づいてなにがしかの「ことを起こす」という段になると「警戒心」

が生まれてくる――ということを意味しているのではないかと思います。

しかし、「ナショナリズム」というものは、ただ単に、警戒すべきだけのものなのでしょうか？　それ以前に、一体、ナショナリズムというものはどういうものであり、どんな働きを持つものなのでしょうか？

筆者は、大手メディアの方々を含めて、多くの日本国民が、この「ナショナリズム」というものについて十分に深い理解を持たないまま、ただ単に良いモノと見なしたり、恐ろしいモノとみなしたりしているように思えてなりません。

確かに、「何か得体の知れないもの」は、恐ろしく、警戒すべきものとして見なされても致し方ないのかもしれません。そうだとすれば、大手メディアの新幹線の整備に対する、過剰とも言える否定的な態度は、「ナショナリズム」というものを過不足なく理解し得たときに初めて、乗り越えられることになるのかもしれません。

ついては次の章では、この「ナショナリズム」というものが一体何なのかを、そしてとりわけ、それが新幹線という存在とどのような関わりを持つものなのかを、少し掘り下げて考えてみたいと思います。

第二章　ナショナリズムとは国民を家族と見なすことである

ナショナリズムとは「国民」を一つの「家族」と見なすこと

第一章では、新幹線そのものはとてもイイモノと見なされることが多いし、それが「できあがった」ときには、多くの日本人が、それを「素晴らしい」と評価するのに、どういうわけか「つくる」「整備する」ということについては、大変な逆風にさらされるという構造を紹介しました。そして、その中で重要なキーワードとして浮かびあがってきたのが、

「ナショナリズム」

という言葉です。大震災直後の九州新幹線開通の折に、「つなげよう、日本。」というキーワードとともに、私たちの日本社会に顔をのぞかせた「国民意識」、それがナショナリズムと呼ばれるものでした。

ナショナリズムとは、「ミクロ」な視点で言うなら、日本人としての一体感を持つとか、日本を大切に思うとか、日本国民同士助け合うべきだとかいう「国民意識」としばしば言われる「社会心理現象」を意味します。そしてそれと同時に、「マクロ」な次元で言うな

ら、国民が一体となって何か大きなことを成し遂げる、というような「社会的現象」を意味するものでもあります。

この「ナショナリズム」をあえて日本語にすると「国家主義」ということになりますが、少しわかりづらいかもしれません。

しかし、これを理解するには「家族」というものが何かを考えると、わかりやすいのではないかと思います。

ほとんどの人が家族を大切にしますし、家族のメンバーは親兄弟、皆仲良くしようとしています。また誰でも「私は、〜家という家族のメンバーだ」という意識を持っているでしょうし、「〜家のことをバカにされるのは、ものすごくハラが立つ！」というように、「〜家」そのものに対して、ある種の誇りやプライドを持っているということもあるでしょう。さらには、何か家族全体が困難にぶつかれば、精神的な次元で「家族の一体感や絆」が強く意識されることもあるでしょうし、そんな「家族としての一体感」の下に、協力し合って何か一つのことに取り組んだり、場合によってはビジネスを展開したりすることもあるでしょう。

このように、「家族」というものは、ただ単に一緒に一つ屋根の下で暮らしているというだけではなくて、精神的にもメンバー同士がつながり、一体感があり、そして、その上で実際にまとまっていろいろな活動をするのです。それは言わば、一心同体、運命共同体としての「強くまとまった一つのチーム」であって、それが「家族」というものなのです。

そんな社会心理や組織的現象を「家族イズム」（家族主義）と呼ぶとするなら、「ナショナリズム」とは、「国レベル」におけるそんな家族イズム＝家族主義のことを意味しているのです。つまりナショナリズムというものは、日本という国を、一つの「家族」のようなものとして考え、振る舞う現象や考え方のことを言うわけです。

ナショナリズムは、国民に安心や安寧を与える

日本にはまだまだ「ナショナリズム」が色濃く存在しているからこそ、東北の大震災が起こったときに、日本中の人々がそれをさながら「我がこと」のように感じ、心を痛め、そして義捐金を出すなど、各自ができることをしたのではないかと思います。そんな強烈な日本国民のような反応は、中国の四川大地震のときも、スマトラ沖の巨大津波のときにも見られなかったものです。

つまり、隣の子どもが大けがをしたときはそうでなくとも、自分の子どもが大けがをし

たときは「大騒ぎ」となるように、外国の方々が被災するよりも自分の国の人々が被災するほうが、段違いに強烈なインパクトを及ぼすものなのです。

それは文字通り、私たちの潜在意識の中に、日本人を、広い意味での一つの「家族」あるいは「同胞」と見なすナショナリズムが色濃く残っていることの証左です。

ところが、日本人なら「当たり前」と思えるような、相互に助け合うというナショナリズムを持たない国もこの広い世界の中にはいくらでもあります。

そんな国では、復旧や復興は「国」が行うのではなく、基本的に全て「地方自治体」で行うというのが一般的です。

それは、そういう国では国民の「統合」が不十分だからです。彼らは、「自分は〜国の国民だ」という国民意識が希薄であり、ただ自分や自分の家族だけを大切にする傾向が強いのです。

ところが、その天災が巨大であればあるほど、一つや二つの自治体では復興作業を行うことが難しくなり、「国民全員」が「国家をあげて」復興しなければならなくなります。

したがって、ナショナリズムが希薄で、復興を国家レベルでできない国は、結局、中途半端なまま放置されてしまうことになります。

つまり、「ナショナリズム」があればこそ、より大きな単位での「助け合い」が可能となり、その結果、国民に「安寧」がもたらされるのです。その意味において、ナショナリズムは、人々に安心や安寧をもたらす「相互扶助」という社会的機能を持つものでもあるのです。

世間に否定的にとらえられるナショナリズム

このように「国家」というものは、「家族」と同様に、助け合い、いたわり合う側面を持つものなわけですから、多くの国民が、国家というものを、なにやら「ワルイもの」と見なすよりは「良いモノ」と見なすことがあっても決して不思議ではないと思います。

しかし今の日本のメディアなどでは、ナショナリズムと言えば何やら「ワルイもの」と見なされることが多いようです。

そんなときにしばしばその極端な例としてイメージされるのが、戦前の「軍国主義」であり「全体主義」です。

たしかに、かつての第二次世界大戦を私たち日本国民が戦っていたとき、私たちの「ナショナリズム」が高まっていたことは間違いありません。

この「戦後」という空間の中では、戦争を想起するものは全て「ワルイもの」と見なされる傾向が強く、その結果、そんな戦争と色濃く結びついていた「ナショナリズム」が何やら「ワルイもの」と見なされるようになったわけです。

とりわけ、「ナショナリズムの高まり」は日本の「軍国主義化」とつながるという懸念がある以上、ナショナリズムが少しでも顔をのぞかせれば、即座にもみ消してしまおうという空気が、私たちの国を覆っていたことは事実です。

例えば今日においても、東日本大震災のとき、あるいはサッカーのワールドカップやオリンピックのときなどには、少なくとも表面的には「ナショナリズム」が高まりを見せたように思えます。多くの日本国民が「日の丸」を掲げながら日本チームを応援し、勝利したときに大騒ぎする、という光景が繰り返されています。

しかしその度にその現象が「ナショナリズム」と呼ばれ、その「健全さ」あるいは「不健全さ」が論じられています。端的には、サッカーナショナリズムは「健全」で、君が代・日の丸ナショナリズムは「不健全」で「危険」だ、と線引きの上、議論されたりもしています。

サッカーの試合ですらそのように言われるわけですから、例えば日本近海で軍事的緊張の高まりに合わせて「ナショナリズム」が顔を見せれば、それは即座に「危険」というレッテルを貼られ、その流れを押しつぶそうとする社会的圧力がかけられることは火を見るよりも明らかでしょう。

これは、戦後日本では当たり前の風景ですが、よくよく考えますとこれは大変に「興味深い」現象です。

例えば、何かの「脅威」にさらされて家族が団結しようとすると、どこかの誰かが「家族で団結なんてしちゃイカン！　それは危険だ！」と言われてしまうというわけですから、それは尋常とは言い難いとも言えるかもしれませんね（筆者には、そこで団結しないで、その「脅威」に対して無為無策を決め込む方がよほど「危険」に思えますが――）。

国を動かし、世界を動かすナショナリズム

いずれにしても、「ナショナリズム」は大変に大きな「力」を生み出す源泉なのであって、それがあれば国家レベルでの「相互扶助」が駆動され、それを通して大震災からの復旧、復興も迅速に終えられることが可能となったり、様々な次元における国際的な「競争」「抗争」「戦争」において大きな力を発揮することが可能となるわけです。

そして、この現実の世界が、そんな、

「同じ国民同士の助け合い」

と、

「異なる国民同士の争い」

によって動かされているのです。

言うなれば、今やもう、この「ナショナリズム」の原理を無視しては、社会も政治も経済も、それぞれの国の国内的な動きもグローバルな世界的な動きも全く解釈できないほどに、あらゆる次元、あらゆる側面においてナショナリズムが強大な影響力を及ぼし続けているのです。

とりわけ、1990年初頭に「東西冷戦構造」が崩壊して以降、世界中でナショナリズムが高まり、国家間の紛争が絶えなくなるようになりました。

さらにはそれと並行して、「国境を無視」するグローバリズムが世界中に蔓延していきましたが、逆説的にも、そうしたグローバリズムが広まれば広まるほどに、逆に、国境の存在がより明確に意識されるようになり、それぞれの国でナショナリズムが高まりを見せていくようになっていきました。それはちょうど、普段は日本の存在なんて全く意識していない日本人たちが、「ワールドカップ」というグローバルなイベントになった瞬間に、国旗を掲げ「ニッポン！　ニッポン！」と叫び出す、という構図と似たものがあると言っていいでしょう。

いずれにしても、冷戦が終わりグローバル化が進んだここ20年ほどの間に、世界中で「ナショナリズム」がより明確に意識されるようになっていき、世界の政治、社会、経済を動かす重大な動因として「ナショナリズム」が浮かび上がってきたわけです。

「ナショナリズム」は人文社会科学の重要トピック

そんな世界の大きなうねりの中で、人間や社会についての研究を深める「人文社会科学」においてもまた、「ナショナリズム」が徐々に大きな注目を集めるようになっていきました。

例えば、英国の社会学者アントニー・スミスは、「ネイション」（国）の原型には、古くからそれぞれの地に存在していた「文化的共同体」があると論じています。彼はその共同体を「エスニ」と呼んでいますが、それは、「歴史」や「文化」を共有する共同体です。その「文化」というものは、言葉や習慣、あるいは、宗教や先祖にまつわる神話、さらには、自分たちの集団に対する「名前」（和の国、や、大和の国、といった名称ですね）なども含まれます。そうしたものを共有すると共に、強固な「連帯感」を持っている集団、それが、エスニと呼ばれる「文化的共同体」です。

こう考えますと、私たちの国家であるところの「日本」は、明確に、こうした「文化的共同体／エスニ」としての特徴を持っています。

縄文、弥生に始まり、飛鳥時代、奈良時代、平安時代を経て今日に至るまでの歴史を共有し、『古事記』や『日本書紀』にまとめられている「神話」を共有しています。

自分たちのこの集団のことを「日本」と呼び、そして何より、私たち以外、世界中でほとんど誰も話すことができない「日本語」を共有しています。

日本語を使った挨拶の仕方やお歳暮やお中元の風習も共有しています。

大晦日には人気のある歌手の歌を皆で聴いて、おそばを食べて、夜中に神社にでかけてお参りをして、お正月になれば皆で仕事もせずに朝から酒を飲んで餅を食べたりします。挙げ句の果てに、日本全国のおびただしい数の人々が、さながらどこかの小学校のクラスのお昼休みみたいに、AKBナントかの総選挙を話題に盛り上がったりするわけですが——この「共有っぷり」は、どこをどう考えても、我々日本国民が共同体を形成しているわけで、これが、スミスが語った「エスニ＝文化的共同体」というものです。

そしてそれぞれの国の中には、こうしたエスニ／文化的共同体があります。例えば、ドイツにはドイツのエスニがあり、韓国には韓国のエスニがあります。

そして、そうしたエスニ／文化的共同体が長い間継続し、その内に歴史的に形づくられていくものが「民族」（エスノ）と呼ばれるわけです。

しかし、それぞれの国家は「民族」だけでは定義できない

しかし、こうした「エスニ」あるいは「民族」が明確でない国もあります。

その典型が、アメリカや中国といった大国です。

例えば、アメリカは「人種のるつぼ」と呼ばれる国家です。白人、黒人、黄色人種等、あらゆる「民族」が入り交じって構成されています。それらの複数の民族の全てが入り交じったものが「アメリカ国民」であって、それは「アメリカ民族」(すなわち、ネイティブ・アメリカンと呼ばれる方々)とは全く異なります。

同じように中国もまた、様々な地域の様々な民族が折り重なってできあがった国家です。チベット問題、ウイグル問題などと言われますが、チベット人やウイグル人は、それ以外の中国の人々とは明確に別の民族です。

さらに言うと、私たちの国日本だって、全部が同じ民族かというとそうではありません。

外国の方で日本に「帰化」される方はたくさんいますし、「少数民族」と呼ばれる民族も日本の中にはいくつもあります。

つまり、「日本国民」と呼ばれる人々の大半がいわゆる「日本民族」と呼ばれる人々ではありますが、両者は全くのイコールではないのです。それは、アメリカ国民がアメリカ民族とはイコールではないのと同じです。

そう考えますと、「国民」という概念を理解するためには、「民族」という概念だけで理解することはできない、ということが見えてきます。

そこで登場するのが、哲学者であり社会人類学者である、アーネスト・ゲルナーのナショナリズム論です。彼は、フランス生まれのユダヤ人であり、後にイギリス、チェコといった様々な国の研究機関で教鞭を執りつつ研究を進めるという、様々な「国家」と深い関係を取り結びながら人生を歩んだ人物です。おそらくは彼のそうした人生の経歴が色濃く反映したのだと思いますが、彼のナショナリズム論は「文化的共同体」を軸としたスミスのそれとは180度と言っていいくらい異なった側面を重視したものでした。ゲルナーのナショナリズム論は、「文化的・歴史的」側面のみでなく、「政治的」な側面を強調したものだったのです［注1］。

［注1］　なお、ゲルナーの理論は、彼の弟子であったスミスの理論以前に展開されたものでした。すなわちスミスは、ゲルナーの理論の弱点を補強する趣旨で、彼のナショナリズム論を展開したというのが歴史的な経緯です。

「前近代」とは異なり、産業革命を経た近代国家では、生産活動がかつての農業や漁業といったものより、格段に複雑、かつ、大規模になったことが、今日的な「近代国家」ができあがった起源である、という点を彼は指摘します。

そんな産業社会では、その生産様式が絶えず変化する複雑な分業に依存しています。そして、その範囲が大きなものであるため、面識がない他者と絶えずコミュニケーションを図る必要が出てきます。ところが、そんなコミュニケーションを図るためには、大量の人々を画一的な教育システムに参加させ、それによって、「高度な読み書き能力」を備えさせておく、というような状況をつくらなければなりません。もちろん、こうした高度、かつ、大量の教育システムは、親族や地域単位といった程度のものでは供給できず、より大きな集団の単位である「国家」だけがそれを供給することが可能です。

それゆえ、近代産業を成立させるために、それを支える大規模かつ高水準の教育を保証し得る「国家」が自ずと必要とされるのだ、という次第です。

一方で、それだけの巨大な集団を維持し続けるためには、最低限の「道徳」や「社会規範」、さらには、ある程度の「社会的同質性」などが必要となってきます。それは要するに、国家の次元において、高水準の「文化」が共有されることが必要になってくるわけです［注2］。

［注2］　近年の社会科学では、こうしたマクロな集団的な要請の下、どのようなミクロなプロセスを経て、

社会的規範や社会的同質性が形成されていくのかという点も様々な研究で明らかにされていますが、その詳細はまた、別の機会に譲ることとしたいと思います。

つまり、近代における産業構造の劇的な変化を受けて、生産集団が一気に巨大化し、それをまとめあげる「国家」が政治的な要請の下で形づくられ、そしてその「国家」の内部において、一定の「文化的共有」が図られるようになってきた、という次第です。

以上が、ゲルナーのナショナリズムに関する議論ですが、この議論は、スミスの議論とある意味、対照をなしています。

スミスは、ナショナリズムの起点に「文化的共同体」を置いたわけですが、ゲルナーは「高度な生産を保証するための政治的要請」という「政治的要請」をナショナリズムの起点に置いたわけです。

ナショナリズムは、「民族」の原理と「政府」の原理で成立する

とはいえ、スミスはゲルナーが主張した生産的あるいは政治的な要請を無視したわけではなく、ゲルナーもスミスが主張した歴史を共有する文化的共同体を無視しているわけで

［図２－１］前近代的な「民族」の原理と近代的な「政府」の原理の「化学反応」で生まれるナショナリズム（国家主義）

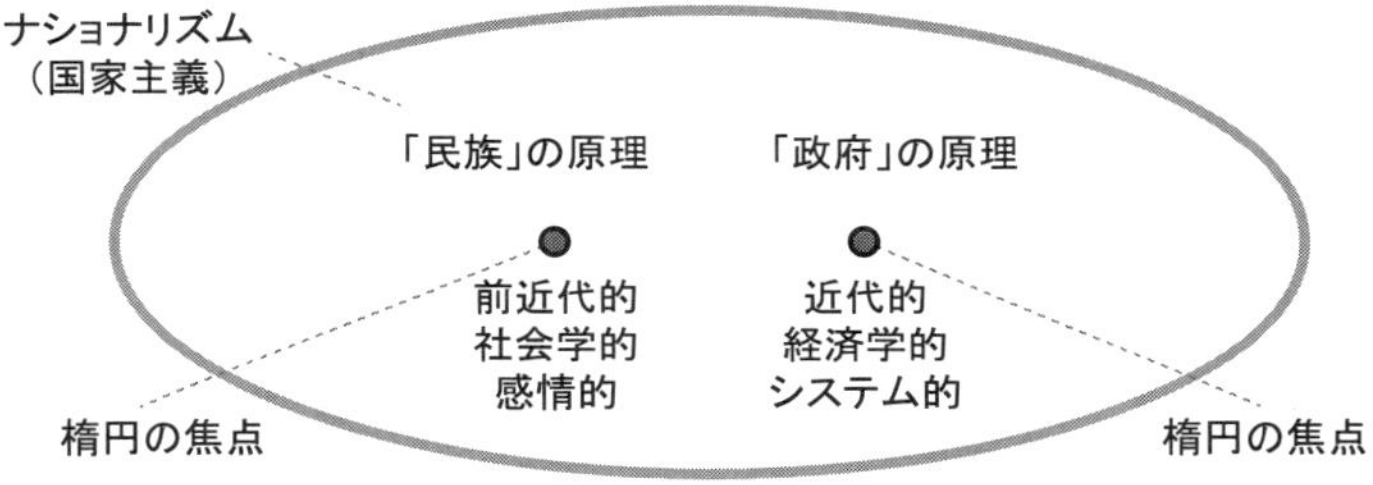

はありません。

　つまり、ナショナリズムというものは、歴史と伝統、文化を中心とする民族主義的な必然性と、近代化の過程で生ずる政治的な意志に基づく意図的要請との二つを焦点とする「楕円」的なる性質を帯びたものなのです［図２－１］。

　これら二つの焦点、あるいは、原理に名称をつけるなら、

「民族主義」（エスニシズム：ethnicism）と
「政府主義」（ステイティズム：statism）

という、二つの対照的なものと言うことができるでしょう。

　さらには、こうした対照は「前近代的」なものと「近代的」なものとの対照だと解釈することもできるでしょう。歴史や伝統、文化というものは、近代以前から存在

するものである一方、巨大な産業システムからの政治的要請は、「近代」になってできたものだからです。

さらに言いますと、人と人とのつながりや心理的一体感という「感情的」な「社会学的」な原理と、産業経済システム上の要請に合理的に応えていくという「システム的」な「経済学的」な原理の対照とも、この両者の対照は繋がっていると言うこともできます。

つまり、ナショナリズム＝国家主義というものは前近代的で社会学的な「民族主義」と、近代的かつ政治学的な「政府主義」の双方の「化学反応」で生まれるものなのです。

「ナショナリズム」は、民族主義とも政府主義とも違う、別次元のものである

例えば、日本のナショナリズムは、「日本民族」としての民族主義と、日本国政府を中心とする政治的な単位としての「日本国」についての政府主義の二つに支えられ、それらが「化学反応」を起こすことで成立するものです。

ところで、「水」（$H^{2}O$）は、水素（H）と酸素（O）とが「化学反応」を起こしてできあがったものですが、「水」と「水素と酸素」とは、全く似ても似つかぬものです。それが「化学反応」と呼ばれるものの本質なのですが、それはナショナリズムと民族主義、政

府主義との関係にも当てはまります。

つまり、ナショナリズムは、民族主義がなくても、政府主義がなくても成立するものではありませんが、民族主義とは次元が異なるものなのであり、政府主義とも全く異なるものです。あくまでも、この近代において、民族主義と政府主義の双方が重なり合って生まれるものが、ナショナリズムなのです。

例えば、

【ケース1】日本に長らく住み、日本語もぺらぺらで、その仕草も振る舞いも完全に日本人だけど、国籍は外国のままの外国人。


を考えてみましょう。おそらく私たちは彼を日本国民のように扱うことはあったとしても、やはり「日本国民」とは見なさない人の方が多いことでしょう。帰化してもいない外国人は、外国人としか呼びようがないわけです。

ところが次のようなケースはどうでしょうか。

【ケース2】日本に長らく住み、日本語もぺらぺらで、その仕草も振る舞いも完全に日本人で、しかも、ついに、日本に『帰化』してしまった外国人。

この場合も同じく、民族主義的に言えば彼は日本人ではありませんが、政府主義的に言えば、彼は「帰化」している以上、明確な日本国民です。そして事実、彼のことを「日本国民」と判断する人が多いことでしょう。

そう考えますと、「政府主義」が「日本国民」かどうかを区別する基準であるかのように思えてきますが——ここで、次のようなケースを考えてみてください。

【ケース3】何十年も前に日本に住んだ経験があり、そのときに日本に帰化したものの、その後やっぱり『母国』に帰り、もう何十年も日本とは無関係に母国で暮らし、日本語も含めて日本のことなどきれいさっぱり全て忘れてしまった外国人。

この場合、多くの日本人は彼のことを「日本国民」と呼ぶことはないでしょう。

しかし彼は法律上は「帰化」しているわけですから、日本国「政府」としては、彼は、明確に「日本国民」のはずです。それであるにもかかわらず、我々は彼のことを「日本国民」とは認識しないのです。

――つまり、「日本国民かどうか」という判断は、純粋に民族主義的な基準に基づいているのでもなく、純粋に政府主義的な基準に基づいているわけでもないのです。あくまでも私たちは、「ナショナリズム＝国家主義」的な基準に基づいて判断を下しているのです。

最後に、次のようなケースを考えてみましょう。

【ケース4】両親は日本人で、日本生まれだけど、半年だけ日本にいて、その後ドイツに移り住んで、もう、60年以上経つ。何の理由か、国籍だけはいまだに日本だが、日本語は一言も話せず、ドイツの文化や言葉や習慣以外は、何も知らない。

彼は民族主義的にも、政府主義的にも、完璧な「日本人」です。しかしそれにもかかわらず、彼のことを「日本国民」だと見なす人は、ほとんどいないのではないでしょうか。

つまり、我々は、政府主義的な判断や民族主義的な判断とは、完全に「別」の判断基準でもって「日本国民か否か」を判断しているのです。

このことはつまり、日本国民か否かというナショナリズムは、民族主義や政府主義とは完全に異質なる、別次元の存在であることを示しています。

ナショナリズムは、国民統合という「努力」なくして成立し得ない

いずれにしても——私たちは日常の暮らしの中で、時折「ナショナリズム」なんて言葉を見聞きしたりしていますが、以上のように考えると、なかなかややこしい概念なのです。民族主義とも関係していますが、それともちょっと違うわけで、政府主義とも関係しているけれども、それともちょっと違うわけです。

このことは、私たち日本国民にとって、あるいは、世界中の国の人々にとって、重大な、次のような命題を暗示するものです。それはつまり、

ナショナリズムは、努力なくしては成立し得ない。

という「事実」です。

もちろん、日本「民族」を守ることも、日本「政府」を守ることも簡単なことではあり

ません。しかし、日本のナショナリズムの根幹をなす「日本国民」というものを守り続けることはそれらよりも格段に難しく、さらに多大なる努力が必要とされるのです。

なぜなら日本国民を守るためには、日本民族を守り日本政府を守ることを前提とし、さらにその上で、「日本の国柄」を守る努力を持続させていかなければ「日本国民」を守り続けていくことなどできないからです。

そしてこの「国柄」を守ることは、民族や政府を守ることよりも格段に難しいのです。「民族」というものは、とりたてて苦労などしなくても、維持され続けるものです。

例えば、「アテナイ」という2000年以上昔のポリスの民は死に絶えたかもしれませんが、昔も今も「ギリシャ民族」は生き残り続けています。

同じように、私たち日本民族は、日本国民として何の努力もしなくても、日本民族の生物学的な遺伝子を残し続けることができます。

さらに、「政府」を守り続けることもまた、後に述べる「国柄」を守ることよりも格段に容易です。なぜなら、政府というものの中心にあるのは、最終的には単なる無機質な「システム」なわけです。例えばSFの世界では、そんなシステムならば、人間の努力などなくても、単なるコンピュータシステムが動いているだけでも維持し続けることができます。

ところが、文化や風習、伝統といったものを含む「国柄」なるものは、何の努力もなければあっという間に消えてしまいます。

例えば、昔の日本では、結婚式と言えば仲人を立てたものですが、今はそんな風習は（少なくとも都市部では）ほとんどなくなってしまいました。大学では学生の就職先の面倒を教授が見ていましたが、今では全て学生の自由になっています。こういった風習の変化を元に戻すことはほとんど不可能に思えます。

一方で、私たち日本人は、「日本語を使う」という行動はじめ、実に様々な伝統を守りながら生き続けています。時に「学校」という政府組織を使い、時に家庭における躾《しつけ》の場を通して、子どもたちの教育に凄まじい努力を日本全国で継続させ続けています。つまり、日本国家は、確かにこれまでにたくさんのものを失ってきた一方で、まだまだたくさんの伝統や文化といった「国柄」を、多大なる努力でもって日本全国で持続させ続けているのです。

しかもその努力は、一部の地域だけで継続させているだけでは十分ではありません。遙か昔から引き継がれてきたその国柄を持続させ、さらに「発展」させた上で後世に残していこうとする努力を、北海道から九州沖縄に至るまで全ての地域でまんべんなく行ったときに初めて、日本列島が一つに統合され「国家」が成立するのです。

繰り返しますが、それだけの努力を、持続的に、かつ、全国的に展開し続けるということは、ただ単に民族の生物学的な遺伝子を残したり、政治的な政府を残したりすることよりも、遙かに難しいことです。「ナショナリズム」は、それに関わる様々な民族を守り、政府を守り、そして、「国柄」を守るための国民の努力を、全国的に展開し続けることができて初めて成立し、持続していくものなのです。

つまり、ナショナリズムというものは、時間的、空間的に、伝統や文化等の象徴的／シンボリックな核心に向かって「統合」していこうとする、凄まじい努力の賜《たまもの》としておぼろげに現れるものなのです。そしてそんな時間的、空間的な統合はしばしば**「国民統合」**と呼ばれています。

例えば、一章で紹介した新幹線の「つなげよう、日本。」というキャッチコピーは、文字通り、国民を統合しようとする努力を主張するものですから、これこそ、最も典型的なナショナリズム的な言説と言えます。

そしてさらに一つ付言しておくなら、そうした「国民統合」の努力を、何百年にもわたって持続していくことに成功すれば、そこでまた一つの「民族」が成立していくこととなります。そもそも私たち日本民族は、単一民族だという言い方をしますが、海洋や大陸、北方や南方からやってきた様々な民族の混血として成立したものですし、全人類がそのようにして成り立っているのです。

「国」を「家族」と見なす「国家主義」

以上が、「ナショナリズム」を巡って、人文社会科学の中で展開されてきたおおよその議論の概略です。

こうした議論は、日本の学術界ではどちらかと言えば細々と展開されている印象ですが、人文社会科学の発祥の地であるイギリスでは、こうした議論が最も大きな注目を集める研究テーマの一つとなっています。我が国では、そんなナショナリズム研究の総本山の一つ、エディンバラ大学に留学して学位を取得した中野《なかの》剛志《たけし》氏が、こうした研究の第一人者として、その研究の発展に寄与する傍ら、国内でもそうした議論を紹介する様々な種類の出版、言論、そしてそれに基づく実践を展開しています［注3］。

［注3］　中野氏の代表的な学術研究については、『Theorising economic nationalism』（Nations and Nationalism, 2004）を、一般書としては『国力論』『経済はナショナリズムで動く』などを参照してください。

もちろんいまだ、我が国には「ナショナリズム」という言葉を耳にすれば条件反射的に「危険だ！」と、感情的に反応する空気は残されているとは思いますが、以上のようなナショナリズムを巡る極めて理性的、客観的な議論を理解する日本人も、少しずつではありますが、増えてきています（例えば、本書の最後の文献リストで紹介しますように、近年ではナショナリズムを取り扱った一般書もかなり出版されるようになってきています）。

とはいえ、ナショナリズムを巡る議論はやはり、少々抽象度が高く、なかなか理解し難い側面があるのかもしれません。

ただしそういうケースにおいても、本章の冒頭で引用したように、「家族」という概念を用いればかなり容易に、以上の議論を理解いただけるのではないかと思います。

ついてはここで改めて、その関連について触れておきたいと思います。

そもそも家族を考える上で、血縁というのは大切なものです。

しかし、血縁がなくても「養子縁組」をすれば、私たちは「家族」になります。ただし、同じ血のつながった家族で、しかも、法的には絶縁などしていなくても、家族を相手に詐欺や犯罪を行うような者がいれば、それはもう「家族」とは見なさないこともあるでしょう。

つまり、家族関係というものは、血縁（いわゆる、民族の原理）とも関係しているが、それともちょっと違う、法的な制度（いわゆる、政府の原理）とも関係しているが、それともちょっと違う、という関係にあるわけです。

「家族」というものを守っていくためには、血縁関係や法的な家族関係も大切ではありますが、それらに加えて、何らかの「プラスα」がどうしても必要となるのです。それは、国家というものは、民族や政府という要素とも深く関係しているものの、「プラスα」のものとしての「国柄」や「国民統合」がなければ国家にはならない、と申し上げたことと同じです。

では、その家族が家族になるための「プラスα」とは何かと言えば、それは、

「自分は家の人間だ、と皆が思っている」

「家族は大事だ、と皆が思っている」
「家族は助け合わないと、と皆が思っている」

という情緒的な次元のものから、

「我が家にはこんな家柄があって、よそとは違う、と皆が思っている」
「家族の中で立派な仕事をした者がいれば、とても誇らしい、と皆が思う」
「家の誇りを傷つけられるのは、どうしても許せない、と皆が思っている」

という象徴的な次元のものまで、様々なものがあると思います。そしてこれらを一まとめにして言うなら、それらは結局、

「精神的な次元におけるつながりの感覚」

だと言うことができるでしょう。つまり、こうした感覚、強いて言うなら「家族意識」があって初めて、家族が家族としてひとまとまりになり、家族が「統合」されるのです。
これこそ、「ナショナリズム」と呼ばれるものの考え方と、全く相似をなしているとこ

ろです。

ナショナリズムとは、「国というものを一つの家と見なし、そのメンバーを家族と見なす」という考え方そのものを言うのです。だからこそ、ナショナリズムは、

「国家主義」

という日本語に翻訳することができるのです。つまり、「国を家と見なす主義」こそが、ナショナリズムなのです。

だからこそ――誰の人生においても、家族が重大な意味を持っているように、ナショナリズムは私たち日本国民全員にとって、何ものにも代えがたい極めて重大な要素となっているのです。

危機の時代にこそ、ナショナリズムが求められる

もちろん、人生何もかも順調なときには、家族をあまり顧みなくなってしまう、ということはあり得るのかもしれません。しかしながら、人生で「危機」に直面したときには、

明確に「家族」が意識されることが多くなります。

順風満帆なときには、家族の助けなどなくてもやっていくことができます。しかし、いったん何か問題が起こり、危機に直面したとき、赤の他人の多くは、潮が引くように目の前から消え去っていきます。

そのとき、頼りになるのは家族だけ——ということになっていくわけです。親兄弟なら、どれだけ疎遠にしていても、最後の最後には助けてくれるかもしれない——それこそが、いわゆる「家族の絆」の証なわけです。

これは国家でも同じです。

本章冒頭でも紹介したように、「大震災」というとんでもない危機においては、どれだけグローバル化が進んでいても、頼りになるのは同胞である「日本人」だけ、ということになるわけです。あるいは、「戦争」のときにナショナリズムが高まっていたというお話も致しましたが、その本質には、戦争というものが、その国の存続を脅かすほどの大きな「危機」だからに他なりません。

つまり、家族にせよ、国家にせよ、それがより強く求められるのは、「危機」が訪れたときなのです。

今日本は、文字通りの「危機の時代」のただ中にいる

では今、我が国を取り囲む危機はどの程度の水準なのでしょうか？

もしも、危機などどこにもないのなら、私たちにとってナショナリズムなんて大して重要なものとはなりません。皆でまとまって「チームジャパン！」をつくってまでいろんな問題に対応していく必要などありません。ただ単に、それぞれの企業やそれぞれの個人が好き勝手に振る舞い続ければ、それでこと足りるということになるでしょう。

しかし——残念ながら我が国は、「平成」の時代に入って以降、高度成長期やバブル景気などで明るい時代を過ごしていた昭和40年代、50年代には全く気にする必要がなかった、超絶に深刻ないくつもの危機に直面しているのです。

何よりもまず、東日本大震災、そしてそれに引き続く原発事故によって、我が国は深く傷ついてしまいました。

それに加えて我が国は今、首都直下地震や南海トラフ地震という、東日本大震災の十倍から何十倍もの被害をもたらし得る超巨大地震の危機にさらされています。

さらには、20年にも及ぶ長いデフレ不況のため、全国の中小企業、地方都市の人々をは

じめとした実に多くの国民が低所得に苦しめられ、倒産や失業の影に怯え、実際に多くの倒産と失業が発生し、挙げ句には自殺に追い込まれてしまう人々が後を絶たない状況です。世界経済の状況も大きく変わり、2008年のリーマンショック以後は、いつ何時、ギリシャや中国を起点とした世界同時恐慌が起こるやも知れぬ恐怖が世界を覆い尽くしています。

さらには、これまで対立していた米中の関係が密接なものとなりつつあります。友好的に振る舞う二つの超大国に挟まれた小国は翻弄され、どんどん弱体化されていくということは、歴史上しばしば見られる事態ですが、今の我が国日本はまさにそうした「小国」の立場に追い込まれつつあります。これは、戦後日本の外交上、最も難しい、いわゆる「危機的」な状況に直面しつつあると言うことができるでしょう。

そして以上に述べたもの以外にも、テロ、サイバーテロ、パンデミック、地球温暖化に伴う洪水のリスクなど、枚挙に暇《いとま》がないほどに、実に様々な「危機」に我が国は直面しているのです。

しかも、これらの危機はいずれも、戦後の昭和時代において、ほとんど配慮する必要などなかったものばかりです。つまり、我が国は1990年代前半から、完全に「危機」の時代に突入してしまったのです。

「危機」に立ち向かうために、今こそ「ナショナリズム」を見直すべし！

もうここまで私たち日本があからさまに「危機の時代」に突入してしまっているとするなら、いつまでも、個々の企業や個々の国民が、日本国民としてのまとまりを忘れさって、バラバラに活動し続けていくわけにはいきません。

そんな危機の時代には、数々の危機に立ち向かうべく皆で一致団結して「チームジャパン」をつくりあげていくための「ナショナリズム」が強く求められるのです。

そうであるなら、私たちは今、何を、どのようにすれば良いのでしょうか？

先にも述べたように、ナショナリズムというものは、何もせずに無為無策のままでは成立しないものです。では私たちは一体何をすればいいのか――この問いに対する答えを考えるにあたって、重大なヒントとなるのが、あの九州新幹線が開通したときにクローズアップされた「つなげよう、日本。」という言葉です。

「つなげる――。」

これこそが、ナショナリズムをつくりあげていく上で、何よりも大切なキーワードです。筆者がなぜそのように考えているのかと言えば、私たちはかつて、明確に、新幹線で日本を「つなげる」ことが、日本のナショナリズムをつくりあげ、そしてつくられたナショナリズムを通して、我が国が飛躍的に発展していったという近現代史を筆者が「知っているから」です。

だとするなら、この危機の時代を乗り越えるために今、求められているのは、日本を「超高速」で「つなぐ」という大仕事を通して、日本全体の「まとまり」をさらに一段と高め、数々の危機に立ち向かっていく状態をいち早くつくりあげることなのではないか、と筆者は考えているのです。

そのあたりの具体的なお話については本書の最後で改めて論じたいと思いますが、まずは、私たちがかつて「新幹線」をつくりあげたときにはどのようなドラマがあり、そのドラマを通して我が国のナショナリズムが、そして我が国の歴史と世界の歴史がどのように動いていったのか、について改めて振り返ってみることにしましょう。

第三章　ナショナリズムがつくりあげた「新幹線」

「新幹線」と「ナショナリズム」が織りなしたダイナミックな物語

東京と大阪をたった2時間半余りで結ぶ「東海道新幹線」は、今日の日本の「経済」を支えるのみならず、日本国民にとっての「ナショナル・シンボル」にまでなっている、ということは、第一章でお話しした通りです。そしてそれは今や、多くの日本国民にとっては「そこにあって当たり前」のものとなっているのかもしれません。

ですが、「もしも、新幹線が明日から使えなくなったらどうなるか――」ということを、少しだけでも想像すれば、多くの人々は、日本経済、あるいは、日本の国を維持していくために新幹線がいかに重大な意味を担っているかを、即座にご理解いただけるのではないかと思います。つまり新幹線は今や、経済的にも社会的にも象徴的にも日本国家にとって必要不可欠な、なくてはならないものとなっているのです。

しかし、日本国家にとってそこまで大切な「新幹線」をつくる計画は、「薄氷を踏む」といった形容がぴったり当てはまるような状況の中で進められたものだったのです。つまりどこかで何かの歴史の歯車が一つでも狂えば、新幹線なんてどこにもつくられることがなかった――それほど、細い細い可能性をつなぎ合わせた末にできあがったものが、「新幹線」だったのです。

ではなぜ、そんな困難な大事業を、私たち日本国民が成し遂げることができたのかと言えば――それは文字通り、当時の私たち日本国民の「ナショナリズム」の巨大なエネルギーがあったればこそ、だったのです。

つまり、新幹線をつくるという大事業は、ナショナリズムという巨大なエンジンによって成し遂げられたのであり、かつ、そうやってつくられた新幹線が私たち日本国民を、空間的にも精神的にも「統合」させ、ナショナリズムをさらに強固なものに仕立てあげていったのです。

ついては本書ではここからはしばらくの間、そうした「新幹線とナショナリズム」のダイナミックな大きな物語を、様々な文献を手がかりに描写していこうと思います。

敗戦から10年、焼け野原から立ちあがる日本

「東海道新幹線」をつくろうという計画は、敗戦からちょうど10年が経過した、1955（昭和30）年に生まれました。

昭和30年と言えば、「焼け野原」からの戦後復興の段階を終えてちょうど高度成長にさ

［図３－１］GNPの推移

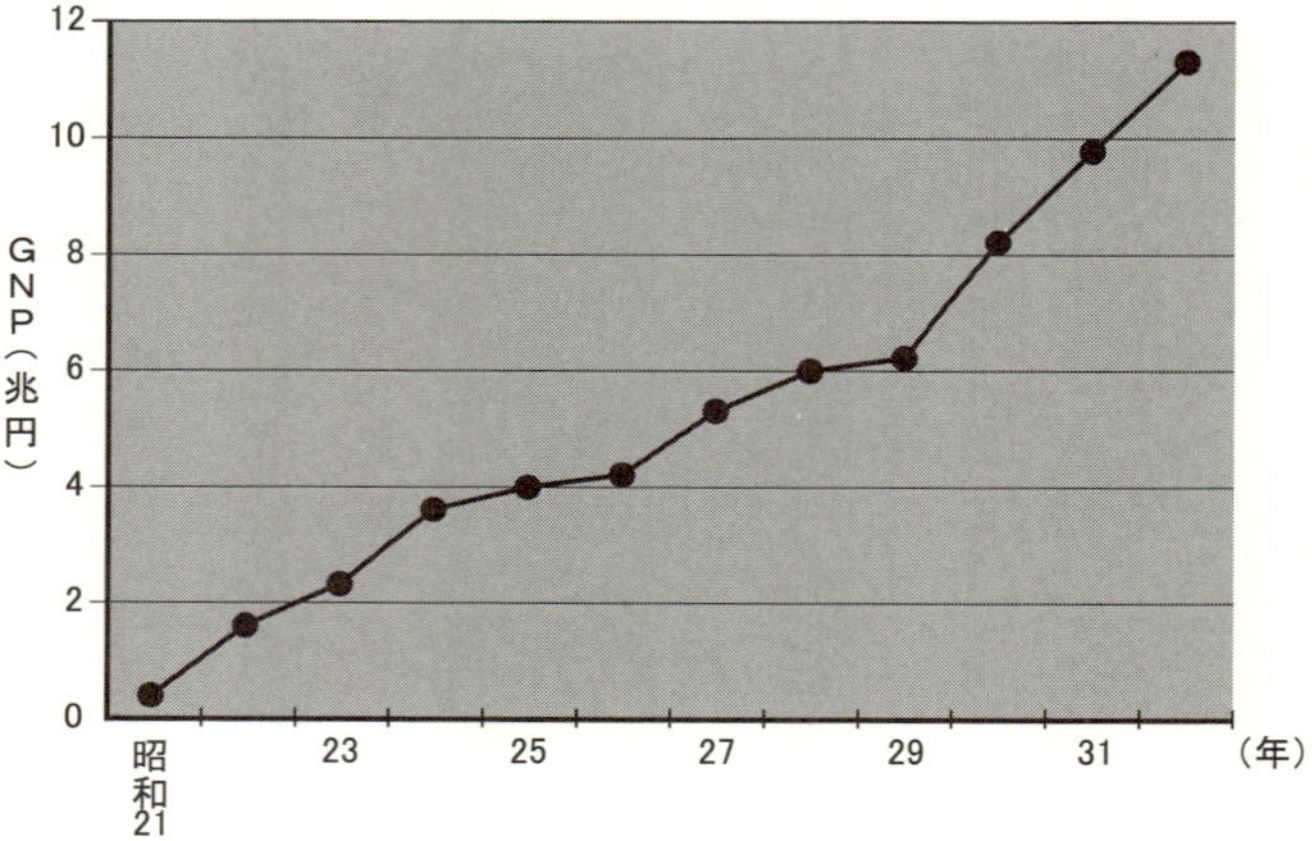

しかかった頃でした。経済企画庁が発表した『経済白書』に、「もはや戦後ではない」という言葉が掲載されたのも、ちょうどその頃でした。そしてその宣言に呼応するように新しい産業が次々と勃興し、設備投資も飛躍的に増加、復興から技術革新への転換が進み、エネルギー革命、重化学工業化、東海道メガロポリスの形成、といった様々な変化がめまぐるしく見られ始めた頃でした。

そして、日本のGNPは、［図３－１］に示したように、急上昇していきます。

こうした世の中の大きなうねりのような変化に呼応するように、戦中に一時他地域に分散した人々も東海道に戻り始め、太平洋ベルト地帯には、ビルの乱立する大都会や工場地帯が出現していきました。

その結果、当然のように東海道線の利用者も瞬く間に急増していきます。そしてすぐさま、東海道線の輸送能力は「限界」に達していくことになります。

こうして生じた東海道線の輸送難は、各新聞によって「日本経済発展の隘路《あいろ》である」と指摘されました。そして最悪のケースでは、各種工場の一次操業停止などを招くような事態へとなっていきます。

こうした深刻な輸送力不足を解消すべく、日本国有鉄道（以下、国鉄）は、輸送力を増強させるための様々な取り組みに向けた「5カ年計画」を策定します。

そしてその計画に沿って、東海道本線の「全線電化」を完了させるなどの様々な対策が図られていくのですが、高度成長期の旅客数は、そんな対応を遥かにしのぐ勢いで増え続けていきました。結果、東海道線の輸送力不足問題は、深刻な状態のまま放置されていくこととなります。

こうした状況の中、付け焼き刃的な対策ではなく、東海道の輸送力不足問題に対する、より「抜本的」な対策の必要性が、強く認識されていきました。

［図3－2］十河信二（第4代国鉄総裁）

昭和44年当時
出所：有賀宗吉著『十河信二』（十河信二伝刊行会）

「十河国鉄総裁」が打ち出した新幹線構想

そんな認識が深まっていく中、より「抜本的」な対策として東海道新幹線の構想を初めて世に訴えたのが、当時の国鉄総裁であった十河信二《そごうしんじ》という人物でした［図3－2］。

十河が国鉄総裁に就任したのは、まさに東海道の輸送難が喫緊の課題となっていた昭和30年でした。そして彼は、総裁就任直後に、後の「東海道新幹線整備計画」につながる「広軌新線構想」を打ち出したのです。

この構想の名称にある「広軌」というのは、線路のレール間隔（軌間）が特別に広いレール（軌道）のことを言います。

言うまでもありませんが、鉄道にとってレールの間隔（軌間）をどうするか、という問題は、何よりも重要な問題の一つです。なぜなら、軌間を一度決めると簡単には変更ができず、また隣接する路線との間で軌間が異なると相互乗り入れができなくなるからです。

一般にこの軌間規格は、多くの鉄道が走っているところの「狭軌」と、現在の新幹線が走っている「広軌」（狭軌より40センチ程度広いもの）の2種類があります。そしてもちろん、軌間が広いほど車両を大きくすることができ、安定度が増し、スピードを速くすることができます。

「国際標準軌」とされているのは広軌なのですが、日本は1870（明治3）年に初めて鉄道を建設した際、地勢が急峻なこと、後進国でそれほどの輸送需要が見込めないであろうこと、安価であることなどの理由から「狭軌」を採用していました。ですから、十河が「広軌新線」の構想を打ち出したのは、実務上極めて斬新だったわけです。

鉄道斜陽化論を乗り越えるための構想

では、十河はなぜそのような大規模な構想を打ちあげたのかと言えば、それは一つには、先ほどから指摘している「東海道における深刻な輸送力不足」があったからです。

しかし十河がその時に考えていたのは、それだけではありませんでした。

彼は、「国鉄職員の士気の低下」の問題にも、大変な憂慮の念を抱いており、その問題を解消する最善の策として「広軌新線」の構想を打ちあげたのです。

十河が、「職員の士気」の問題を重視していた理由を把握するには、当時の時代背景を少し説明する必要があろうかと思います。

そもそも当時は鉄道が斜陽化するだろう、という、いわゆる「**鉄道斜陽論**」が国民、さらに国鉄内部でも支配的でした。

その結果、国鉄の職員の平均的な気分として、仕事にやり甲斐を感じられない、という状況にあったと言います。そしてそれを原因として、職員の「モラル」の抜本的な低下が起こっていたのでした。

そんなモラルの低下は、サービスの低下につながり、最終的には安全性の低下、つまり、乗客の生命の軽視の問題へと確実につながります。

事実、増加する輸送需要への対応策として実施していたダイヤの過密化も相まって、多くの方々が亡くなる事故が幾度となく起こってしまいました。

そんな事故の発生は、鉄道斜陽論をさらに加速させ、「『鉄道』はこれからどうなってしまうのか」というある種の虚無感を伴う不安を喚起し、ますます職員の士気の低下を招き、モラルをさらに低下させ、事故の危機をさらにさらに高めるという悪循環となっていきました。

十河はこうした状況を鑑み、国鉄という組織の行く末、その国鉄に支えられる日本の「鉄道」の未来、そして何より、その鉄道によって支えられる日本という一つの国家の未来に対して、深い憂慮の念を抱いていきます。

十河はこの最悪の状況から脱するためには、何よりもまず、国鉄職員の間にはびこる「絶望的」な気分を払拭することが重要であること、そしてその上で、未来に向かって動き出さんとする士気を抜本的に高めていくことこそが必要不可欠であると確信していきます。そして職員の間の絶望の代わりに希望を与え、彼らの精神の士気を高揚させる起爆剤として彼が目をつけたのが、東海道の輸送力不足を抜本的に解消するための「広軌新線」の構想だったのです。

当時の彼の心境については、次のように記述されています。

——「国鉄は国民の大事な生命財産を預かってこれを輸送するのが任務であり、また、国民から鉄道をお預かりして国民の為にサービスをしている立場であるのだから、『国民の国鉄』として、安全、サービスを疎かにしてはならない、そのためにも職員の志気向上が急務であり、その為にも〝斬新な〟目標が必要である」（『日本機械学会誌』より）

あるいはまた別の機会には、十河は次のように書き記しています。

「歴史は尊重されなければなりませんが、若さを失っては人も国も衰亡するようになります。国鉄の如きも、明治五年に創設されて以来、早くも八十七年にもなっています。明年は、いわゆる米寿を迎えるわけですから、今にして若返り法を講じませんと、老耄《ろうもう》用ゆるに足らないものとなって、斜陽産業となり、社会から見棄てられてしまう虞れが多分にあります。（中略）若いということは、なにかという問題は、なかなかむずかしい問題でありますが、私はこれを正邪の感覚の鋭敏なことであり、不退転の気魄をもって、正道を真直ぐに勇往邁進する情熱がみなぎっているということであり、理想・目標を見失うことなく、しかも大地を踏み外すこともなく、独創的で創作をなし得る夢・イマジネーションが生き生きとしているということだと考えます」（自伝『有法子』〈交通協力会〉より）

つまり、十河が「あらゆる創意工夫を加え、清新なユニットとして完成すること、世界の標準に通ずる一流のものとして計画すること」(『十河信二』より)を目標とした広軌新線構想には、

①東海道の輸送難を抜本的に解消し、鉄道が日本経済の発展を阻害しているという状況をすみやかに元に戻して、経済発展の先駆たる使命を達成する、

②職員の抱いていた鉄道の将来への不安を払拭し、士気高揚につなげることで、高い「安全」「サービス」を提供し、「国民の国鉄」として国民に奉仕する、

という二つの念願が込められていたのです。

ところで、この二つの発想は、先の章で指摘した、「ナショナリズム」の成立にとって不可欠な二要素に対応している、という点は付記しておきたいと思います。

前者の①は、近代的で政治学的な「政府の原理」に対応していますが、後者の②は、前近代的で社会学的な「民族の原理」に対応するものです。

つまり、十河の新線整備に向けた発想は、ナショナリズムが展開していく基本的な要件を備えたものだったわけです。おそらくは前者の政府の原理だけではその国家プロジェクトは立ちあがることすらなかったかもしれませんし、後者の民族の原理だけでは、その構想は必ずやどこかで「破綻」に至っていたに違いありません。

つまり、十河の構想が実現に結びついたのは、彼の構想が、大きな国家プロジェクトを動かす上で必要不可欠な二つの原理を、明確に胚胎していたからなのです。

「国家」のために世間の風潮と戦う「国士／ナショナリスト」

さて、話を元に戻しましょう。

戦後の混乱期からの高度成長期の中であらゆるものがめまぐるしく移り変わり、鉄道の代替手段である自動車、飛行機も大きく進歩、発展していく状況の中では、十河にしてもこの新線構想がどのように影響していくのかを明確に予測することは難しかったに違いありません。それでもなお、十河がその後もこの新線構想を強力に推し進めていくことができたのは、それが国家の発展、国民の生活に役立つと確信していたからに他なりません。

ところが——鉄道斜陽論が広く社会に認知され、政界においてもそういった認識が蔓延していたのであり、広軌新線のような鉄道の大事業が政府に認められることは、全く期待できないのが実際の状況だったのです。

そこで十河は、国鉄総裁の打診を政府から受けた折、それを引き受けるための条件として、次のような三つを逆に提示したと言います。

①国鉄に自主性を与える
②国鉄経営については、政府、政党の意向も十分に傾聴するが、最後の決定は国鉄総裁に一任する
③赤字線の追加建設を強要しない

彼がこうした「独立路線」を強く打ち出した背景には、当時の国鉄は、運輸大臣、経営監査委員会が国鉄の経営方針を決定し、肝心の予算権も大蔵省（現財務省）に握られており、その下の国鉄総裁には十分な権限、自由が与えられてはいなかったという実情がありました。それゆえ、当時の状況のままでは、「国家的観点」に基づいた十河の構想よりも、地方議員の政治的思惑による地方の赤字新線建設を優先させなければならないという状態

にあったのです。実際に過去にも、幹線の広軌改築案が何度も検討されたものの、そのたびに政界は「我田引鉄」「橋三年、鉄道一生」という言葉に代表される利権重視の地方ローカル線延伸が優先され、計画が頓挫するということが度々あったのです。

すなわち当時は、「国鉄」という国家レベル・ナショナルレベルの事業体であるにもかかわらず、「ナショナリズム」に基づいた運用が困難であり、結局は、地方中心の「ローカリズム」の思想に基づいてしか、整備事業が展開できないという矛盾を抱えた状態にあったわけです。

だからこそ、十河は、地方政治家の思惑で地方の赤字路線をつくることは、その地方住民の当面の利益になるとしても、国民の付託に応えることにはならない……たとえ情に忍びない点があっても、当面の当事者の利害や感情を超越して、東海道新幹線をつくるということ、すなわち国家の『交通軸』を太くすることによってのみ、真に国民の付託に応えることができる、と考えていたのです（『新幹線をつくった男　島秀雄物語』〈小学館〉より）。

十河は、こうした信念を自らの精神の内につくりあげるにあたり、何度も何度も、このことについて考えぬいたに違いありません。

なぜならそもそも世間には鉄道斜陽論がはびこっており、そして、鉄道整備は国家全体の「ナショナリズム」ではなく「ローカリズム」の原理で動いているのが実態だったのであり、そんな世間の大きな流れの中で、その流れとは「真逆」の考え方を、国鉄の総裁という責任ある立場で声高に主張し続けるには、よほどの「確信」がなければなりません。

そんな強い「確信」を得るためには何が必要かと言えば、時に一人で、そして時に彼の信頼できる側近たちと、自らがいかなる意味においても間違っていないか——ということを何度も何度も繰り返し、深く深く考え続けること以外に何もないのです。

そんな、世間からの反発や反論の全てをつぶさにのみ込みながら重ねた深い悩みの果てに練り上げられてきたのが、彼の「信念」なのです。それは、深い深い人間の情熱の塊としての信念なのであり、空疎で安っぽい美辞麗句や軽い思いでつくられたものとは真逆のものなのです。

そんな信念の裏側にある深い情念は、彼の次のような言葉からも読み取ることができます。

「とかく人間には群集心理というものが働いて、悪いこととは知りながら、大勢の言葉にさからいかねるという弱点があります。この弱点が民主主義という結構な主義を台なしに汚してしまうことがあります。（中略）産業がマスプロ（大量生産）になりましたように、教育もマスプロになって、型にはまったような人ばかりできて、『一犬虚ニ吠エ、万犬コレニシタガウ』という風な、自覚のない意義のない、大衆行動が横行して、良貨は次第に声をひそめ、悪貨がはびこる世の中になる危険があるやに心配せられるのであります。私達国鉄に職を奉ずるものは、自主的に、正邪の判断を誤ることなく、理想と情熱とを失わないようにしないと、自主性なるものも、与えられたる自主性に堕して、型ばかりのものになってしまい、真の自主性を確立し得る日が来ないのではないでしょうか」（『十河信二』より）

国を憂い、逆境の中で一歩一歩実践を重ねる人物――私たちがしばしば「国士」と呼んだり「ナショナリスト」と呼んだりするのは、まさにこうした人物なのではないかと思います。

「鉄道斜陽論」という「不条理な先入観」との戦い

このように新幹線の整備へとつながる「広軌新線構想」は、十河のこうした「国士／ナショナリスト」としての発想から生まれたものです。

しかし、先にも触れたように、当時は、「もう鉄道に未来なんてない、鉄道なんてもう斜陽産業だ」と考える「鉄道斜陽論」の風潮が圧倒的に世間を支配していました。

それはちょうど今、我が国において「国の借金を何とかしなければ未来がない！」と叫ぶ「緊縮財政論」や、「このご時世、日本の経済を立て直すには、もう外に打って出るしかない！」と同じく声高に叫びたてる「グローバリズム不可避論」が、今日の世間の風潮を圧倒的に支配している状況と似たようなものだったのでしょう。

いずれにしても、これだけ大量の人々が鉄道を使っている今日においては、そんな鉄道斜陽論が世間を圧倒的に席巻していたなど、今となっては信じられないかもしれませんが、当時は「自動車や航空機の時代がもうやってくる」と言われていたのです。そして、鉄道については、さしあたっては、部分的に、輸送力増強は必要だが、道路が整備されれば、輸送難も解消されるので、そのうち、「かつて汽車が馬車にとってかわったように、自動車・飛行機が鉄道にとってかわるだろう」という気分が、国民や政府、さらには国鉄内部を大きく支配していたのです。

こうした「このご時世、古いものは新しいものにとってかわられるだろう」という思考パターンは、おそらくは、かの敗戦から今日に至るまでの「戦後」と呼ばれる時代における、極めて特徴的な思考パターンではないかと思います。

何かあればすぐに、「もう今は、～時代だ、これまでの～なんてもう古い」などと言われ、毎年毎年、次から次へと新しいものが提案され続けているのが、現代という時代です。

それはもう、この戦後等位時代において、人々の心の奥底に埋め込まれた（いわば〝インセプション〟された）「鋳型」のようなものです。もちろんそれは、敗戦後のGHQによる日本統治期に確立した思考パターンでありましょうが、おそらくは、その「思考パターン」そのものが「かつて汽車が馬車にとってかわったように、自動車・飛行機が鉄道にとってかわるだろう」というストーリーに激しく共鳴したのでしょう。

そして事実、そんなストーリーの信憑性を裏付けるように、1951（昭和26）年には日本航空が設立され、道路においても、昭和29年に策定した第一次道路整備5カ年計画では総事業費3300億円の支出が決まっていきます。昭和32年に道路建設に関わる特別の法律（国土開発縦貫自動車道建設法）が制定されてからは、さらに道路整備は加速していきます。その翌年には名神高速道路の工事が始められ、その次の年も、そのまた次の年も、総事業費1兆円、2兆1000億円の予算規模の道路整備が進められていきました。

新幹線計画の歴史を綴った碇義朗《いかりよしろう》は、「これほど国が道路に力を入れたのは、多分に占領時代の影をひきずって、何かといえばアメリカの意向を尊重する風潮があったから」だと指摘してました。

元々、この鉄道斜陽論は欧米諸国で唱えられていたものであり、事実アメリカにおいては、自動車と航空機がすでに普及し、鉄道は大都市の通勤輸送を除いて次々に取り払われていました。

ヨーロッパにおいても、例えばフランスでは全国の軌道約1割にあたる４０００㎞ものレールが取り払われ自動車道路に切り替わりました。イギリスではそれまでのおおよそ20年で、３００万台から６４０万台に自動車が増える一方、鉄道旅客は12億人から９億６０００万人に減少していました。そしてドイツでは採算のとれない20支線区が閉鎖され道路に転換されるといった具合でした。

当時の日本と言えば、交通に関する知識は十分ではなく、しかも、敗戦による欧米諸国への劣等感が重苦しい空気のように存在していた時代だったわけですから、欧米伝来の鉄道斜陽論を半ば無条件に受け入れていたとしても、半ば致し方なかったと言うこともできるでしょう。

もちろん、昭和30年前後では、まだまだ自動車も飛行機も高価であり、庶民の乗り物と言えばやはり鉄道ではありました。しかしそれでもなお、道路や空港の整備が進展していたという背景、経済成長によって国民所得が増加していたという背景、さらに1955（昭和30）年には通産省（現経済産業省）で「国民車育成要綱案」がまとめられるなどの状況の中では、「近い将来」において、自動車や飛行機が気軽に利用できるようになるのであり、その結果、鉄道という「古くさい乗り物」は、早晩、廃れていくだろうという鉄道斜陽論は、かなり強固に信じられていたのでした。

しかし、仮に「気分」や「風潮」の問題として鉄道斜陽論がどれだけ強かろうとも、東海道の現場では、明々白々に、輸送能力が不足していたのです。そしてそれは、東海道という大都市が連なる世界的にも類を見ないほど高い人口密度を持つ地域では、どれだけ自動車や飛行機が発達したとしても、短時間の内に大量の人々を輸送できる「鉄道」の利便性は、冷静に考えれば誰の目にも明らかだったのです。

だからこそ、例えば国鉄副総裁格の技師長として十河と並び大きな役割を果たした島秀《しまひで》雄《お》が述懐したように、東海道新幹線計画における一番の難題は、「すべての鉄道は斜陽化するという先入観を解き国民の理解を得る」というその一点にあったのでした。

まずは国鉄「内部」で意識の統一を目指す

こうした時代背景の下、十河はどのようにして、「鉄道斜陽論」という不条理な思い込みと戦っていったのでしょうか。

十河がまず考えたのは、そんな社会的風潮の中では、「新たな鉄道をつくる」と公表したとしても時代錯誤と一蹴《いっしゅう》されるに違いなかろう、という点であったと言います。そしてそれ故に彼は、世論の理解を得る前に、まずは国鉄「内部」の意思統一を図ることが先決であると考えます。

その目的の下、彼は1956（昭和31）年、国鉄内部に「東海道線増強調査会」（以下、増強調査会）を設置します。

この増強調査会は半年強の短い検討期間に、東海道全体の輸送需要の変化と、その中で国鉄が負担すべき輸送量の想定、そして想定された輸送量に対する対策方法を決めることを目的としたものでした。

この検討会では、他の輸送機関を加味しても、冷静に考えれば将来の東海道での鉄道の増強がなにかしら必要であるということは明白であるという議論となったといいます。

しかしやはりここでも、「広軌」でつくるか「狭軌」でつくるかについては、意見が割れることとなりました。

この増強委員会の委員長であった島秀雄と十河を中心とした数名の委員は、輸送問題の抜本的解決のためにも、そして国鉄職員の士気高揚のためにも、やはり「広軌」での新線整備が唯一適当だと考えていました。なお、先にも述べた通り、サービス水準の確保と、未然の事故防止のために、何よりも大切なのは国鉄職員の士気の高揚であることから、士気高揚は極めて公的、国家的に大きな意義を持つものであったという点は、改めてここで付言しておきたいと思います。

全ての課題を一気に解決する「スピードアップ」の戦略

さて、こうした「輸送力の抜本的な向上」と「職員の士気の高揚」という、二つの異なる目的を同時に満たすために重要な要素として、十河達が最も重視したものが、

「スピードアップ」

であります。

鉄道のスピードが上がれば、当然ながらたくさんの人々を短時間の内に輸送することができます。そして、繰り返しそれを運行することで、大量の人々を1日の間に運び続けることも可能となります。

そして何より、後に「夢の超特急」と呼ばれるように、例えば、東京と大阪を3時間で結ぶ、という抜本的なスピードアップのビジョンは、多くの国民と共に、国鉄技術者の「夢」となり得るものです。しかも、そうしたスピードアップは、当時フランスで更新されていたスピード記録に対するナショナリスティックな「対抗心」を煽るものともなりました。こうしたことから、「スピードアップ」というビジョンは、当時の国鉄職員の士気を抜本的に高め得るものだったのです。

例えば十河は、増強調査会で次のように発言しています。

「狭軌でも広軌でもどの位走れるかということを充分検討して置かねばならぬ。スピードが一番大切なことで、後で検討すればよいという問題ではないと思う」

「結局遠からず、原子力により交通機関を動かす時代が来ると思う。この時、スピードということが非常に大切なことになる。スピードアップの用意をしておかないでは、動力だけ変えることができるかどうかよくわからないが、恐らく狭軌ではスピードの限界にきているだろう（第5回・十河）」

原子力による輸送が実現するかどうかはさておき、こうした言葉から十河がスピードアップにかける並々ならぬ熱意を見てとることができます。

しかし、こうした十河の姿勢とは裏腹に、その他の多くの委員は、今まで実績のない広軌には、何かとリスクがつきまとうのではないか、それ以前に、莫大な予算がかかり過ぎるのではないか、という思いが強く、大胆な十河たちの広軌案には、否定的でありました。特に、もうどうせ鉄道になんて未来はないと決めつけるように考える「鉄道斜陽論」が日本全体を覆っていたわけですから、そんな「斜陽産業」に莫大な予算をかけるのはナンセンスだという雰囲気が色濃くあったわけです。

こうした状況を打開すべく、十河をはじめとする広軌案支持者は、「現状の政治的・金銭的問題にとらわれず、国として、そして国民にとって将来何が必要なのかということを計画の最上位に据えるべきで、そのためにもまずは技術的な検討をすべきである」として考え方を改めるよう、現状を前に足踏みしている委員たちの「**ナショナリズムの鼓舞**」を図り、十河は様々な発言を通して説得を重ねていきます。

「技術的良心を発揮して、技術的にどうしてもこれでなければいけないという信念に基づいて検討してもらいたい。妥協してはいけない」

「政治的な考え方である技術的な検討を充分やって、それから経済の問題を考えればよい」

「鉄道が経済発展について行くという考え方でなしに、交通機関が経済運動をリードするのである、ということを考えねばならない」

つまり十河は、日本の未来のために、徹底的に技術的、合理的に**考えることを放棄してはならぬ**、合理的に**考え続ける勇気を持たねばならぬ**――と叫び続けたわけです。

しかし――こうした十河らの熱心な説得にもかかわらず、広軌新線慎重派の諦めムードを払拭することができないまま、調査会を閉会させることとなってしまいました。

とはいえ、今から思えば、この増強調査会は重大な意義を持つものとなります。なぜなら、十河らに説得される委員も、何人か出てくることとなったからです。鉄道技術研究所（鉄道技術に関する研究機関。以下、技研）の所長であった篠原武司《しのはらたけし》もまた、そんな十河らの説得に呼応した一人でした。

彼は、調査会の終了後、自身の研究機関・技研にて、調査会で中心議題となったスピードアップの技術的可能性について、具体的に検討、研究を進めていきます。そしてその検討結果が後に、国民に届き、世論がうねりのように転換していくことにつながっていくのです。

つまり、十河はその調査会を通して国鉄内部の思想統一を果たすことには失敗してしまったものの、新幹線の整備に向けて欠くべからざる重大なきっかけを与え、次につながる一歩をつくることには成功したのでした。

スピード競争に向けた、技術者のナショナリズム

こうしたきっかけで始められた、技研における新幹線の技術開発において、何よりも重要な意味を持ったものは、やはり「スピードアップ」でした。

例えば、その技術開発に取り組んだ技術者は、当時を振り返って次のように述べています。

「鉄道の技術者には、だれにも共通した夢がある。それはスピードだ。いかにして、安全に高速運転を実現するか。この点で、新幹線というものは、にわかにこつ然と生まれたものではない。一部の技術者たちは、戦後国鉄が立ち直るとともに、なんとかこの夢を実現したいものだと語らっていた」（『「文藝春秋」に見る昭和史』〈文藝春秋〉より）

そもそも、鉄道技術の歴史は、スピードと安全への挑戦の歴史だと言っても過言ではありません。鉄道が誕生して間もない19世紀の中頃からスピードをめぐって多くのドラマが生まれ、今もなお、国の威信をかけた高速化への挑戦が行われています。

そして、新幹線の議論が始められた1955（昭和30）年と言えば、フランス国鉄が一気に鉄道の最高速度を塗り替えた年であり、そのニュースを耳にした日本の国鉄の技術者

［図3－3］　各国の鉄道走行試験での最高速度記録

年	国　名	最高速度
1903	ドイツ	210km/h
1931	ドイツ	230km/h
1934	アメリカ	181km/h
1938	イギリス	202km/h
1939	イタリア	203km/h
1939	ドイツ	215km/h
1954	フランス	243km/h
1955	フランス	331km/h
1963	日本	256km/h
・・・	・・・	・・・

が、大いに刺激された年でもありました［図3－3］。

技研の篠原所長は、次のように語っています。

――「その頃、私たちの刺激になったのはフランスで時速331キロの試運転をやったことです。そういう時代に日本の優秀な学者が集まって研究してなにもできないということはおかしな話じゃないかと、いろいろ考えました」（山之内秀一郎著『新幹線がなかったら』〈朝日新聞社〉より）

あるいは、国鉄の技師長の島も次のように語っています。

「日本だけが悠々としてよいというものでなく、我々のようなダイナミックな国民は、ますますはやく走らなければいけないと思います」（『島秀雄遺稿集』〈日本鉄道技術協会〉より）

このように鉄道に携わる者にとっての夢は「欧米に負けない高速鉄道をつくること」であり、「世界最優秀の鉄道をつくりたい」というナショナリスティックな念願を抱いていたのです。だからこそ、国鉄職員の士気の高揚を企図した十河は、スピードアップに強くこだわったのだと言うことができるでしょう。

「講演会」を契機として、世論の中に「広軌新線待望論」が巻き起こる

こうして篠原によって始められた高速化研究の成果は、１９５７（昭和32）年5月に、「東京—大阪間3時間への可能性」と題した研究所創立50周年記念講演会においてとりまとめられ、国民に公表されることとなります。

ここで強く強調されたのが、「東京—大阪間を3時間で結ぶことが技術的に可能」であるという点、そして、そのためには、「広軌が適当である」という点でした。

そして、これを実現させるかどうかは「国民の国鉄という意味で皆さんに決めていただく問題」であると強調することで、新幹線プロジェクトの要否を国民全体に問いかけたのでした。

この講演会の〝反響〟は極めて大きいものでした。

大手新聞各社はこぞって研究所の構想を極めて好意的に紹介したのです。特に日本では営業時速95キロ、海外でも最も速いアメリカのペンシルベニア鉄道で営業時速１５３キロであったそれまでの最高速度を、実に時速「２５０キロ」にまで引きあげるという内容は、世間に衝撃を与えたのでした。

そしてこのイベントをきっかけとした様々なマスコミ報道を通して、「広軌新線待望論」が国民的にわきあがっていきました。

そんな中で、重要な意味を担うようになったのが、「**夢の超特急**」というキャッチフレーズでした。読売新聞（1957年5月26日）には、「夢の超特急　つぎ目なしの広軌　東京―大阪を3時間　国鉄の構想」という見出しで、この講演会を紹介しています。その後、様々な場所でこの名称が用いられるようになり、やがて、新幹線の「代名詞」となっていきます（それはちょうど、2012年末の安倍首相がぶち上げた経済政策が、一部メディアが「アベノミクス」と呼んで以降、国民的に、世界的にその名称が広く使われていったことと同様の現象と言えるでしょう）。

なお、こうした待望論がわきあがると共に、新構想に対する反発も生まれていきます。特に小説家の阿川弘之《あがわひろゆき》の「太平洋戦争中、航空機の時代が到来しつつあったにもかかわらず日本海軍が伝統的な大艦巨砲主義に固執し、戦艦大和をつくって失敗したこと、また海軍の若い士官たちの間で『世界の三バカ、万里の長城、ピラミッド、戦艦大和』という自嘲の言葉があったことを引き合いに出し、新幹線もそうした時代遅れの『世界の三バカ』になりかねない」という批判（『朝日新聞』1958年8月10日）は、広軌反対論者に大いに受け、旗印となっていきます。

しかしながら、世論の趨勢《すうせい》では、新幹線待望論に軍配が上がるようになっていきます。そして皮肉にもその結果として、「国鉄」の内部において大勢的であった「どうせ、広軌をつくるというような、大それたことなんてできないよ」という諦めムードも、徐々に影を潜めていくこととなっていきます。つまり、十河が、「夢の超特急」を実現するために、鉄道斜陽論に傾きつつあった諦めムードの国鉄職員の意識を変えんとしたもののそれに失敗、しかし、その流れが日本の世論を喚起し、そのリアルな国民全体のナショナリズムによって、**国鉄職員のナショナリズム**が「逆輸入」するかのような格好で活性化し、彼らの意識が統一されていったわけです。

ついては十河は、この講演会後、機熟したと見て増強調査会の立場から、「もはや東海道線増強は緊急課題」という結論を出し、世間全体で判断してもらうために、1957（昭和32）年7月に中村三之丞《なかむらさんのじょう》運輸大臣に「**単に鉄道経営上の見地からばかりでなく、広く国家的な観点から判定されるべき問題**であるとして、適切な配慮を煩わしたい」という申請を行います。もちろん、この申請では、東海道線の増強にあたっては、広軌の可能性も視野に入れることが明記されます。

申請の直後に十河は中村運輸相を訪れます。そしてその席で広軌新線が必要であることを力説したところ、中村は十河の意図を了承して逆に激励してくれたということです。

後年、十河は、「他のことでは、それほど実績をあげた大臣だとは聞いていないが、東海道新幹線ができるについては、中村運輸相の支援にまつところが大きい。中村運輸相でなかったら、東海道線増強は違う形になっていたかもしれない」と言い、深謝の意を表しています。このあたりの顛末については、新幹線計画の変遷を追った数々の著書の中でも、「天の時、地の利、人の和」であったと評するものが多くあります。

そして、運輸省はこの申請を受けて「日本国有鉄道幹線調査会」（以下、幹線調査会）を設置し、検討を行う運びとなっていきます。また同月末には国鉄内にも正式に「幹線調査室」が設置され、ようやく建設に向けて本格的に動き始めたのです。

なお、この経緯をナショナリズムの視点から解釈するなら、最終的には、運輸大臣という日本国家の国務大臣が、その新線整備についていかなる判断を下すのかという一点によって、その命運が分けられたのだということができるでしょう。つまり、国士／ナショナリストたる十河が、ナショナルレベルの鉄道を考える国鉄の総裁として、国家の命運を分ける新幹線構想を熱心に訴え続け、その熱意が技術者のナショナリズムを喚起し、それを通して、夢の超特急に向けた国民全体のナショナリズムにまで飛び火し、その帰結として最終的に、国家の運輸行政をとりまとめる国務大臣がその構想に賛同し、その結果として、大国家プロジェクトである新幹線整備計画が進められていくことになったのです。

国民が熱狂的に歓迎した「世界一」の「夢の超特急」

運輸省に設置された幹線調査会は実業界、学界、言論界を代表する35名の委員に、幹事10名の構成で十河や島も国鉄の代表として参加しました。会議は1957（昭和32）年9月から翌年7月までの1年余り検討が行われ、最終的に十河らの意に沿った結論に至ることとなります。つまり、幹線調査会は、東京—大阪間を3時間でつなぐ「広軌」の新線を、世界最高の水準による交通機関として、五年間でつくるべし、という答申が出されることとなったのです。

この答申が提出されると、新聞紙上で大々的に報道され、広軌新線計画はさらに世間の注目を浴びることとなります。新聞各社はこの構想を、「世界一の列車」「夢の超特急」と紹介していきます（そしてこの頃から、それまでの「広軌新線」という名称に替わって、今日我々が使っている「東海道新幹線」という名称が正式に用いられるようになります）。

例えば朝日新聞は、「新しい魅力を求める国民の声が反映された」と評しつつ、「近い将来文字通り世界一の列車が新しい線路の上を走る日の来ることを確信している」と伝え、読売新聞は「〝夢の超特急〟はこれらの記録（注：アメリカやフランスがたたき出していた過去の世界記録）を二倍近く上げるのだから、世界の鉄道にとってもいかに驚異的なものであるかがわかる」「その構想の雄大で計画の意欲的であること、戦後の起業にまれに見るものと言わざるを得ない」「〝夢の超特急〟も、もはや夢でなくなった」と伝えます。そして産経新聞は、「この広軌新線の計画は、まさに平和国家としての日本の象徴たる大事業ともいえるのである。その意味でも、終戦後、打ちひしがれた日本国民の明るい希望をみたすものといえるであろう」「ともかく夢である。しかし、実現させねばならぬ夢である」と報じています。

つまり世論は、新幹線というものを「夢」ととらえながらも、しかし、それは日本人が持つ技術力をもってすれば全くもって実現可能な、少し手を伸ばしさえすれば手に入れられる「夢」であると認識したわけです。そして、そのような世論の反応は、十河や篠原の狙いそのものだったと言えます。

篠原は、当時を振り返って、次のように語っています。

「その構想も、単なる夢を描くのではなく、ちょうどそのときの社会の人たちが欲しくて欲しくてたまらないものが、ほら今の技術でも組み合わせれば出来るじゃないかと具体的に示すとともに、十河さんはじめ政策決定の中枢にいる人たちの考え方を尊重し、それを発展させたものだった」〈篠原武司・高口英茂著『新幹線発案者の独り言』〈石田パンリサーチ出版局〉より〉

日本国民としての誇り、ナショナル・プライドを刺激した新幹線

ただし、十河や篠原たちの思いが国民に届いたのは、新幹線というものが、ただ単に、「便利なもの」「東海道の輸送問題を解決するもの」であるととらえられたからではありません。それが夢ととらえられ、国民世論の大きなうねりが巻き起こったのは、その新幹線がアメリカやフランスの記録を塗り替える、「世界一」のものであったからです。

昭和30年代前半と言えば、日本中が空襲によって焼け野原にされ、勝つと信じたアメリカをはじめとした連合国との戦いに敗れてからいまだ10年余りしか経っていない時期です。日本国民はその敗戦によって、大いに日本の誇りを踏みにじられ、日本は欧米よりも劣る

「下」の存在にしか過ぎないのではないかという大いなる不安にさいなまれていた時期です。

そんな中で、「世界一の列車」はそうした劣等感を一気に払拭し得るものとなったわけです。アメリカ、フランスの鉄道のスピード記録を2倍近くもの水準で塗り替えるという事実は、当時の日本国民にしてみれば、日本を徹底的に打ち負かしたあの欧米の技術力を、日本の技術力が「ぶっちぎり」で打ち負かすことを意味したのです。

すなわち、当時の日本国民にとっては、「東海道の輸送難を解消してくれる」という即物的な側面よりはむしろ、「日本人としての誇り（ナショナル・プライド）を取り戻してくれる」という、極めてナショナリスティックな側面こそが重大な意味を持っていたのであり、だからこそ、その実現を熱狂的に支持したのだと言うことができるでしょう。

そして、1958（昭和33）年12月19日、こうした国民世論の熱狂的な後押しを受け、政府は、ようやく、東海道新幹線の早期着工、短期完成を閣議決定するに至ります。そして、その翌年の1959（昭和34）年4月20日に、工事が始められていきます。

それは、十河が、広軌新線構想の具体的な検討を始めた「増強調査会」の設置から、わずか3年後のことでした。

「新幹線をつくる」と言えば、今日では、とかく否定的な報道が目立ち、何十年も前につくられた計画がそのまま放置され続けている今日の状況を考えますと、こうしたマスメディアや世論の熱狂に押される形で、様々な困難を乗り越え、東海道新幹線という超大型プロジェクトが、たった3年で、空想が現実のものとして動き出すというスピードには、大いなる隔世の感を禁じ得ないところです。

しかし、以上につぶさに見てきた通り、そこに「ナショナリズム」という国民の大きな力さえあれば、それは全くもって可能なことなのであり、実際に我々日本国民はたった半世紀前に、それを成し遂げた国民なわけです。それを考えますと、今日の新幹線整備をめぐる現状は、我が国のナショナリズムの水準の低迷を、そのまま反映するものだと解釈せざるを得ないでしょう。

国民的人気を博したナショナリスト十河

以上に見たように、新幹線計画は「世界一の列車」「夢の超特急」として人々の期待を大いに集めていくのですが、その期待は同時に、その新幹線の立役者、十河に対しても向けられていきます。

そもそも、東海道新幹線建設という「ナショナルレベル」（国家レベル）の鉄道プロジェクトは、「リージョナルレベル」（地域レベル）の地方路線を延伸したいと考える一部政治家たちにとっては決して歓迎できるものではなかったと言います。そうした背景を受けて、政府の中では、任期切れをもって十河を解任する方向で調整が図られていきます。

しかしそれが明るみになると新聞各紙では、十河の清廉さ、国鉄のために尽くす至誠をたたえ「政府の勇退勧告に反対」し、自民党に対しては「自分たちのいいなり放題になる人物をすえようとしている」と攻撃し、国鉄の技術関係者たちも政治に動かされてはたまらないと一斉に十河続投の声をあげていきます。

例えば、1959年4月18日『朝日新聞』の「天声人語」では、次のような論説が掲載されています。

「いい総裁だからもっとやらせろ、という声が新聞の投書欄やコラム欄にも多い。これほど方方から留任を望まれる人は近来めずらしい。（中略）十河さんは国鉄の内外から見直された。『祖国国鉄の危機を救うために赤紙をつきつけられて、国難におもむく覚悟』とセリフは古めかしかったが、ほんとにその信念で情熱をこめて国鉄の建直しに専心した。（中略）こんどは東海道新線の建設に非常な熱意を傾けている。これは本人もやりとげたい気持のようだ。（中略）とにかく熱情をこめてやりたがっているのだから、やるとこまでやらせてみてはどうか。大分ほめすぎたようだが、〝線路をマクラに討死〟までやらせたらよかろう」

そしてこうした記事をはじめとして、「ブームといわれる週刊誌のほとんどが十河論なり、総裁人事をめぐる裏話なりを取り上げた。しかもそれが筆をそろえて老人擁護論であった。財界あるいは政府、与党内部の再任への動きは世論の動向に大いに動かされ」（『朝日新聞』１９５９年5月12日）た結果として、十河が留任することとなります。

国民の力／ナショナリズムが新幹線計画を実現させた

では、人々が支持した十河の信念や情熱の源泉にあるものが何かと言えば、それはやはり、「国民の国鉄」たろうとする「ナショナリズム」に他なりません。彼のナショナリズムは、委員会や国会での、次のような数々の言葉に明確に表れています。

「私は、国鉄は国民の国鉄である、国民の国鉄を国民のために国民にかわって経営をお引き受けいたしたのだ、そういう観念に立ちまして、できるだけ国民の皆さんから御注意もいただき御協力も得まして、本来の使命達成に精進いたしたいと覚悟いたしておるものであります」（参議院 運輸委員会、1955〈昭和30〉年5月24日）

「私は国鉄を国民の国鉄として恥かしからぬものにしたい、こう考えまして、就任以来国民の声は努めて熱心にこれを聞いて、経営の上に反映させるように渾身の努力を傾けております」（衆議院 運輸委員会、1957〈昭和32〉年3月5日）

「国民の意見なり、あるいは質問なりには必ずこれに答えるという主義をとっておりまして、そういうふうにして国民の国鉄たる使命を全うしたいと努力いたしております」（参議院 予算委員会第三分科会、1959〈昭和34〉年3月26日）

「国民の国鉄としてこれからもずっと有法子（ユー・ファー・ズー＝没法子の反対で努力を続けるという意味）で行きたい」（『朝日新聞』1959年5月12日、総裁再任記者会見）

「一番根本的なことは国家国民に対して忠実に奉仕をするという精神が一番大切だと思います」（参議院 決算委員会、1959〈昭和34〉年11月9日）

「国鉄は（中略）国民の国鉄でありますから、国民の協力なくしては国鉄は円満に運営していくことはできない。私は心から国民の協力を得るように努力をしておるつもりであります」（衆議院 運輸委員会、1959〈昭和34〉年11月18日）など

こうした十河の、「国民の国鉄たろう」とするナショナリスティックな態度が「十河擁護論」に結びついたであろうことは、先に挙げた『朝日新聞』の「天声人語」からも窺えるところです。さらに、国民の新幹線計画に対する態度は計画そのものの善し悪しに限らず、むしろこうした十河の「国鉄は国民の国鉄である」という心構えへの了解によって形成されていた様子も窺えます

　そして計画の強力な推進者であった十河が、もしここで再任されることがなかったならば、政治路線を敷かんとする政治家によって計画そのものが中止、大きく変更されていた

可能性は十分に考えられるところです。当時運輸省に勤めていた瀧山養《たきやままもる》が「もしあのときに留任されなかったら、新幹線は日の目を見なかったんですね」と証言しているように、十河再任は、東海道新幹線の開業には決定的な意味を持つものでした。そして、その再任を可能としたのは十河の国民への誠意に共鳴した国民の声であったわけですから、やはり、「日本国民」それ自身が、十河という人物を通して新幹線をつくりあげた主体なのだと言うこともできるでしょう。

しばしば、様々なプロジェクトの成功要因として、リーダーの「強いリーダーシップ」が挙げられます。そして、過去に記述された新幹線整備の物語においても、十河のリーダーシップこそが、新幹線整備において重要だったのだと描写されることがしばしばでありますます。筆者はもちろん、それを否定するものではありませんが、それにもまして重要なのは、国民を惹きつけた「必ず国民のためになる」という十河の一貫したナショナリスティックな態度に他ならないのではないかと思います。繰り返しますが、彼にどれだけ大局観があり、周りの人々を引っ張っていく強いリーダーシップがあろうとも、国民に総スカンされる状況では、彼の新線構想は、どこかで必ず頓挫していたに違いありません。そこに国民の支援がなければ、増強調査会内部の新線反対を抑さえ込むことができなかった可能性は濃厚ですし、運輸大臣が増強調査会からの提言をまともに取り合っていなかった可能性も十分考えられますし、何よりも、政府の中で進められた十河解任の動きが覆されることもあり得なかったでしょう。つまり、十河がそうした数々の障害を乗り越えることができたのは、十河一人の力量があったからなのではなく、彼の背後に「国民の力」という巨大なナショナリズムの動学があればこそだったのです。

そう考えれば、特定人物の「リーダーシップ」なるものに国家プロジェクト成功の原因の全てを見るようなものの見方は、多くの場合、いかにも皮相的で陳腐なものにしか過ぎない、ということが見て取れることとなるでしょう。

ポピュリズムとは質を異にする十河のナショナリズム

ただし、「ナショナリスト」としての十河の態度は、国民にとって耳あたりの良い夢物語を、その実現の可能性や、果てはその合理性を完全に無視した上で、国民の気分やムード、さらには、俗情とも言い得るものにただただ追従していく（しばしばこの平成の御代における様々なレベルの選挙で散見されるようになった）「ポピュリスト」と呼ばれる人たちの態度とは大いに異なるものでした。

そもそも、国民が新幹線に対して頂いた「夢」とともに十河の念頭にあったのは、輸送難の解消による公共利益増進への関心であり、新幹線計画がもたらす莫大な国益に対する関心だったからです。

「鉄道は、申すまでもなく、経済の動脈であり、文化の推進力であるべき使命を持っておるのであります。しかるに、それが輸送力の不足のために、かえって経済の発展を阻害するというふうな状態に現になっておると私どもは認識いたしております。そこで私どもといたしましては、できるだけ早くこれを正常な輸送のできますように、早く回復をいたしたいと考えます」※（参議院 予算委員会、1956〈昭和31〉年3月16日）

「今回の東海道広軌新幹線の建設は、単にスピード・アップや輸送力増強となるだけでなく、輸送方式の近代化を実現して、鉄道と自動車とが食うか食われるかの競争をするのではなく、相互に協力して鉄道・自動車双方の長所を併せ発揮させることにより鉄道輸送に一大革命を起し、日本経済発展のため大きな貢献をしようとするのである」（『経団連月報』1958〈昭和33〉年10月号）

「東海道は、申すまでもなく、日本全国の旅客、貨物が集まり、また、日本全国の全線に向かって旅客、貨物が流れ出るのであります。何と申しますか、心臓の近くの大動脈みたいなものであります。東海道が行き詰まっておるために、東北の旅客も貨物も非常に輸送が詰まってくる、山陽、山陰の方も詰まってくる、こういうわけでありまして、全国の輸送を円滑にするためには、どうしても幹線中の幹線である東海道の輸送を円滑にする必要があります。それで東海道新幹線に着手いたしたのであります※」（衆議院 運輸委員会、1960〈昭和35〉年3月18日）

「昔は対手国を斃すか、自ら斃さるるか、命懸けの勝敗を賭けた戦争を職務とする軍部により、あらゆる新技術が勇敢に導入せられ、一国の技術レベルを向上する上に大きな役割を果たしてくれた。軍部なき今日、国の基幹産業を預る国鉄の如き機関が、技術の開拓発展に曾ての軍部の役割を代行すべきではなかろうか。（中略）カブールの伊太利統一も、鉄血宰相ビスマルクのドイツ連邦結成も、近くはカレルギーのＥＥＣの連合体も、ともにその成立上鉄道の機能に負うところ大であったと言われている。『モラールは文化の塊であり、技術は文化の肉体である』。健全なる精神は健全なる肉体に宿り、健全なる肉体は健全なる精神を育てる。あらゆる困難を克服して、国鉄が第二次産業革命を広汎に導入する必要は茲にあり、斯くして東海道新幹線が生まれ出づるに至ったことを重ねて強調したい」〈十河信二著『技術革命と新幹線』〈十河信二伝刊行会〉より〉

十河はこうした国家的・社会的利益を実現させるために、そして国民を巻き込んだ大きな国策として計画を推進するために、次節で述べるように国民の求めた「夢」の具対化としてのスピードアップを強調したのです。

国民のスピードへの熱狂的な期待

当時の新聞報道等を振り返れば、十河が念願した、逼迫《ひっぱく》した東海道の輸送難を解消し、公益を増進させるという側面は、必ずしも国民世論の中で最重要視されていたとは言い難く、「夢の超特急」という言葉に象徴される「夢」の実現や、十河という一個人の熱意への共鳴が、主に国民世論において重視されていた様子が浮かびあがってきます。

おそらくは、人間というものにはこうした側面があるからこそ、十河もまた、新幹線の合理的な側面のみでなく、「スピードアップ」という情緒的な側面を重視したのだと解釈することもできるように思われます。そして、報道においてもとりわけ、この「スピード」の側面が強調されていくようになります。大手新聞では、次のような見出しが躍ります。

「スピード　現代の神々　尽きぬ不思議な魅力」
「〝夢の特急〟新東海道線　飛行機も顔負け　世界で一番速い」
「スピード革命時代　夢の〝超特急〟東京ー大阪3時間の青写真」
「『こだま』待望の世界記録　時速153キロ出す　〝夢の超特急〟実現へ一歩」
「世界のスピード記録　電車では日本」

そしてその「世界一のスピード」という側面は、開通後においてもナショナル・プライドとして人々の関心の的であり続けます。

「日本という国のイメージは、外国人にとって『富士山と芸者の国』であったが、『世界一早い東海道新幹線を建設した国』であるというようにそのイメージを変えさせたこともまた評価されなければなるまい」(『運輸と経済』1969〈昭和44〉年2月号)など

そして、十河ら計画推進者の側も様々な催事を行うことで、国民のスピードへの関心を高めていきました。

例えば1959(昭和34)年7月27~31日には、ビジネス特急「こだま」号による時速160キロを目標とした最高速度試験が実施されました。この最高速度試験は、国鉄としては前代未聞の、マスコミ各社を招いた一大イベントとして行われ、当日は新聞社のヘリコプターが上空を飛び回っていました。

そして試験最終日に時速163キロ(狭軌世界最速)という大記録を打ち立てると、新幹線計画推進者のねらい通り、翌日の新聞には新記録歓迎の見出しが躍りました(「特急こだま　狭軌鉄道での世界最速記録」「世紀の瞬間　驚異的なスピード」など)。

その後国鉄は、試験の合間をぬってマスコミ関係者や招待客たちのための、モデル線を使った高速運転試乗会を重ねて企画し、アピールを図ります。例えば、時速200キロの大台を記録したときには、報道機関が殺到し、テレビ中継まで行われています。そしてこのモデル線での試乗客は、高松宮御夫妻をはじめとする国内外の要人を含み、延べ10万人以上にのぼったとのことです。

そして開業直前の昭和39年8月25日には全線試運転が行われ、最高時速210〜250キロで、東京―新大阪間を開業時と同じ4時間で列車が走りましたが、この模様もまたNHKテレビで生中継されました。そのとき、NHKは、「テレビ放送技術のすべてを投入する」意気込みで臨んだと記録されています。

このように、国民の関心は講演会から開通に至るまで終始「スピード」に傾いていました。ここからも、国民を動かしたのは輸送難が解消されるという事実ではなく、国民の心に潜在しているスピードアップを望む感情であることがわかります。

ここで特に着目したいのが、計画組織は当初、速度に関する議論を増強調査会で行ってはいたものの、そこでは具体的な目標速度は設定されなかったという点です。最高時速250キロという数字が初めて提示されたのは講演会のときで、しかもその際もあくまで可能性として提示されたに過ぎません。結局この営業最高時速250キロが、新幹線計画の目標値として目指されたわけですが、輸送難の解消が目的である以上、他国でも達成したことのないこれほどの速度を具体的目標として設定する必然性は、必ずしもなかったとも言えます。

しかし、この目標を設定したからこそ、国民が終始大きな期待を寄せることになったわけで、国鉄の側も、そんな国民に応えるべく、努力を重ねていった、というのが事実です。このことはすなわち、「新幹線を最高時速250キロで走らせようとしたのは、日本国民のナショナリズムだった」と解釈することができるでしょう。

ナショナル・プロジェクト「東京オリンピック」という好機

ところで、この新幹線の整備プロジェクトは、今から思えば、それが推進できたのが奇跡としか言いようのないほどに、大変な難事業でした。世界最高水準の技術による近代的な鉄道を、500㎞にわたって完成させるほどの大事業をたった「5年」という短期間でやり遂げる、ということは、ほとんど「神業」と言っても過言ではないでしょう。

したがって当然ながら、そんな大事業プロジェクトの推進においては実に様々な問題が持ちあがってきました。

そんな中でも特に深刻な問題となったのが資金不足の問題でした。

十河は、その問題を乗り越えるために、様々な対応を図ります。

例えば十河は、約4000億円弱の総工費の内、約300億円の融資を国際機関である世界銀行から借り受けます。

しかしやはり、抜本的な予算の確保には、日本国政府の予算措置が必要となります。そして、大蔵省（現財務省）がその財布のひもを緩め、大きな国費を確保するためには、それなりの理由付けがどうしても必要となります。

もちろん、その基本的な理由は、日本の経済成長を抜本的に増進させ、経済を拡大し、最終的に税収も増やすことになる、というものです。しかし、そうした「合理的な理由」だけでは、大規模な予算確保は必ずしも容易ではない、という実態は、我が国においては今も昔も変わりません。

そこで十河が着目したのが、1959（昭和34）年に開催が決定した「東京オリンピック」です。

東京オリンピックは、戦後復興の象徴として、日本の復活を世界に印象づける大イベントです。それは日本全国の人々が、世界中の人々が注目する中で大々的に開催することを誇りに思い、その成功をともに願い、その開催に向けた様々な取り組みに共に重大な関心を差し向ける国民的大イベントです。それは、例えば今日のサッカーのワールドカップとは比べものにならないくらいに、国民意識、ナショナリズムを強烈に喚起するものであったに違いありません。

十河は、国会の予算委員会で、このオリンピックに言及しながら、新幹線整備の予算について、次のように発言しています。


「いろんな事情で資金が不足いたしております。補正増額をお願いしておるのでございます。（中略）オリンピック等の何もありますから、できるだけ早く建設しろという国民の要望にこたえるために、工事を急いでおります。急いでおります結果、（中略）十月のオリンピック開催までには、新幹線は全通する予定であります」（参議院　予算委員会、1963（昭和38）年3月18日）

この十河の提言は、驚くほどあっさりと認められ、大幅な予算増額案が、国会を通過することとなります。そして、昭和38年度予算では、約1000億円の大幅な増額が認められることとなります。

つまり、「オリンピックまでに間に合わせる」という発想が、しかも、その発想を「国民全体が望んでいる」という事実が、政府関係者全員を納得させたのです。とりわけ、当時の池田総理は「新幹線は何としてもオリンピックに間に合わせろ」と厳命していたと言います。

しかもその直後、完成させるためにはその1000億円だけでは実は不足しており、さらに追加的な800億円もの予算が必要であることが判明します。その理由は様々考えられ、いずれも憶測の域を出ないものの、「理由はともかく政府としては、乗り出した船だから、予定通り新幹線をオリンピックに間に合わせたい」（『読売新聞』1963年5月3日）と考え、さらなる補正予算を認めることとなったのです。

こうした経緯を踏まえるなら、合計で約1800億円もの予算を政府が支払うこととなったのは、日本国民のナショナリズムのダイナミズムがもたらした帰結なのだと言うことができるでしょう。そしてとりわけこのときに喚起されたナショナリズムは、オリンピックという稀代の国民的大イベントによって大いに刺激されたものであり、だからこそそれだけの巨大な予算が政府によって認められることとなったのだと言うことができるでしょう。

なお、東京オリンピックのような国家的イベントを起爆剤として、国民世論の支持と国からの後ろ盾を得て巨額の国家財政を投入し、大がかりな国家プロジェクトを進めるという事例は、ワールドカップ、博覧会、サミットなどで、この事例後にはしばしば見られるようになっていきます。例えば、長野新幹線は、平成10年に開催された冬季長野オリンピックに間に合うように整備されています。

そして――1964（昭和39）年10月1日、東京オリンピック開催の実にたった9日前に、東海道新幹線は開通します。

構想からたった9年、着工からわずか5年で、新幹線は開通したのです。まさにその「夢の超特急」は、列車のスピードだけではなく、その着工、完成に至るまでのスピードもまた、超特急だったのでした。そして、その超絶なプロジェクトの推進スピードをもたらした「エンジン」が何であったかと言えば、それは明確に、日本国民の「ナショナリズム」だったのです。

敗戦で傷ついたナショナル・プライドを取り戻し、日本国民が一致団結して立ちあがる、そして文字通り「世界一」の技術でつくりあげた新幹線を、オリンピックという全世界が注目する舞台で全世界に見せつける――こうした敗戦から立ちあがるという大きなナショナリズムの「大きな物語」に、日本国民全員がリアルタイムで参加し、「超特大の人間ウエーブ」とでも言うべき大きなうねりをつくりあげたのです。

言うまでもなく、「ナショナリズム」というものは、目で眺め、手で触れることなどできない、純粋に「精神的」な次元に属するものです。

しかし、それは、世界最高のスピードを誇り、東京と大阪という大きな大都市をつなぐ巨大なインフラを何千億円という巨費を投じてつくりあげるほどの「力」を持つものなのです。それはちょうど、一人の人間で言うなら、その人間の「精神」は手で触れることなどできませんが、その精神に活力さえあれば、どれだけ大きな事業でもなしとげることができることと同じです。

だからこそ、何か大きな国家プロジェクトを企図するのなら、そのためには国民全体の精神の集積である「ナショナリズム」の力がどうしても求められるのです。新幹線の整備物語は、そんなナショナリズムの強大な力を雄弁に物語っています。

第四章　「新幹線」がつくりあげたナショナリズム

新幹線をつくる「計画行為」が「国民統合」を導く

世界初の高速鉄道として登場した東海道新幹線は、東京―大阪間の時間距離を半分に短縮し旅客流動を飛躍的に拡大しました。結果、東海道沿線地帯では多くの人々の日帰りの移動が可能になり、新しいダイナミズムも生まれ、経済活動にも大きな効果が生まれていきます。

今日では東海道新幹線なしには日本の経済活動はままならない状況になっているのは、本書の冒頭で指摘した通りです。

そして、時間距離短縮の影響は経済的効果にとどまるものではありませんでした。

それは、日本という国を一つの有機体と見なしたときに、その有機体のあり方そのものを、根源的に変えてしまうほどの強力な影響を及ぼしたのです。

例えば梅棹忠夫《うめさおただお》は、以下のように洞察しています。

「日本文明史における新幹線の意味については、日本の経済的発展の象徴とみる見方が強いが、わたしは、かならずしも同意しない。経済の問題なら、まず物量の流通が中心になろうが、新幹線には貨車がないことにあらわされているように、これは通常の意味での輸送機関ではないのである。しいていうならば、移動機関であり、もっと端的にいうならば、情報伝達機関の一種である。生物体にたとえるならば、全身に栄養を搬送する血管系ではなくて、むしろ、全身の機能を統御し、調整する中枢神経系に相当する。その意味で、新幹線は日本文明の経済的肥大の象徴というよりは、国土全体の機能的統合の、高度化と精密化の象徴というほうがあたっているのである」（『朝日新聞』１９７４（昭和49）年9月20日「文明変える中枢神経」）

あるいは、十河自身も、開通前の講演会で次のように発言しています。

「交通機関の使命はいうまでもなく旅客、貨物を甲地から乙地へ輸送するということになっておりますが、真の使命は単にそういうことだけではなく、むしろ甲地の思想を乙地に移し植え、丙国の文明と丁国の文明とを、互いに交流せしめるということでなければならぬと信じております」（『有法子』より）

こうしたコミュニケーションに関する議論は、先の章でも紹介したゲルナーのナショナリズムに関する議論を思い起こさせます。

ゲルナーによれば、産業社会においては、人々はより広い範囲でお互いに交流し、それにより、人々が画一的な文化を共有するようになると、人々は同じ共同体に属しているという意識あるいは社会的想像力を共有するようになります。そしてこのイメージこそが「ネイション」に対する強力な責任感と帰属意識、すなわち「ナショナリズム」を喚起するのだと、彼は論じます。

ここで着目したいのは、コミュニケーションの増大がネイションの意識を喚起することとなった可能性はゲルナーの理論によっても示唆されるわけですが、そのコミュニケーションの増大を可能にしたのは、十河らの一部のナショナリスト／国士の強力な「意志」でもってつくりあげた「東海道新幹線」なのだということです。

つまりこの事例で喚起されたナショナリズムは、ゲルナーが述べるような産業化の流れによって「自然」と生まれ出でたようなものなのではなく、あくまで十河ら計画組織の「意志」に基づく意図的な働きによって生み出されたものなのです。このことはつまり、交通計画や国土計画という人間の「意志」に基づく計画行為（プランニング）が、国の物理的なかたちのみならず、国民の意識を変え、国民統合を促していくことを意味しています。

ローマをローマにしたのは、徹底的な「交通投資」だった

ところで、このような計画行為に基づく「道」をつくりあげることでナショナリズムが活性化されていったのは、何もこの日本の東海道新幹線の例だけではありません。

例えば、太古のローマ帝国の発展は、「道」の徹底的整備によってもたらされたものであることは、歴史家の間ではよく知られた事実です。

ローマ帝国と言えば、古代ヨーロッパで圧倒的な力を誇った大国です。その国家的強靱性は凄まじく、周辺で勃興する様々な諸外国の脅威にも屈せずに何百年にもわたって平和で安定的な国家を運営し続けました。

そんな強大な国力の源泉は、強大な軍事力や豊饒な生産力、経済力であることは間違いありません。しかし、そんな軍事力や経済力を支えた国力の最深淵部にあったのが「高水準の交通ネットワーク」だったのです［図4－1］。

ローマの道と言えば、「すべての道はローマに通ず」という言葉が有名ですが、この言

［図４－１］帝政期のローマ街道網

出典：塩野七生著『すべての道はローマに通ず／ローマ人の物語X』（新潮社）

葉は、ローマ帝国における道路ネットワークのレベルの凄まじいほどの高さを含意しています。

ではなぜ、ローマ帝国の交通ネットワークがそこまで素晴らしいものだったのかと言えば、それは、ローマ帝国政府が国内の道路のサービス水準を、徹底的に高いモノにしていくという政治的大方針を掲げていたからです。

その方針は驚くほどに徹底しており、近隣諸国との戦争に勝ち、新しい土地を獲得すれば、即座にそこに大量の国費を投入し、その地に非常に質の高い道路を整備していったのでした。

ローマの歴史を長年研究しておられる

作家の塩野七生《しおのななみ》氏によれば、そうしたローマ政府の方針は、世界的にも極めて特殊であると同時に、その特殊性こそが、ローマ帝国の強大な国力の源泉だったのだと論じています。

多くの国々は、近隣諸国と抗争下にある諸外国との間には、万里の長城のような「壁」を築こうとします。これは彼らが、外国からの侵入を防ぐためにはそれが最も合理的だと考えたからです。至って当たり前の発想ですが、ローマ帝国は、決してそのような壁をつくりませんでした。

彼らは、交流／コミュニケーションを完全に「遮断」する壁を築きあげるのではなく、それとは真逆の、交流／コミュニケーションを「促進」する道路を築きあげたのです。

彼らがなぜそうしたのかと言えば――それは文字通り、「道路をつくることで、〝意図的〟に、国民統合を果たそうとしたから」なのです。

新しく平定された新しい土地は、その時点では、ローマとは異なる文化、文明を持つ「非ローマ人」です。

ところが、そこに「道」が築きあげられれば、様々なモノや人々が行き交うこととなります。そうなると、その新しい地に、ローマの文化、文明が流入していきます。そしてそれによって、その地が「ローマ化」していくこととなるのです。

しかも、その新しい地にあるものもまた、ローマ帝国側へも流入していきます。そして「すべての道はローマに通ず」わけですから、新しい地の良いモノはどんどんローマに流入していくこととなります。そしてそこでまた、様々な「化学反応」が起き、ローマ文明そのものも発展していくこととなります。

さらにここで重要なのは、平定された側の人々が「ローマ化」されることによって、自らを「ローマ人」と自認していくようになる、ということです。つまり打ち負かされた側の人々も、一定期間を経て「征服された者」という気持ちが希薄となり、ローマ帝国と精神的に同化し、ローマ人としての誇りを持つようになっていくのです（なお、ローマ帝国では優秀な人材は出身地を問わず、中央でも重用していったそうですが、それもまた、国民統合を果たす重要な役割を担ったようです）。

いずれにしてもそうなれば彼らは、「ローマ帝国にそのうち、反旗を翻してやろう」と考えるよりもむしろ、「ローマ帝国のために戦うべし」という気持ちを持つようになっていきます。

これこそが、ローマが強国であり続けた、本質的原因なのです。

ローマ人は、あの古代の時代に、この近代の各国家と同じようなプロセスを経て「国民統合」を果たしていったのです。

「国民統合」が果たされれば、彼らは国民全体で「協力」をするようになります。

「1本の矢なら簡単に折れるが、3本の矢なら折れない――」という教訓がありますが、国民統合が進めば3本どころか何万本、何十万本という矢が束ねられるわけですから、ダイナマイトやバズーカ砲で吹っ飛ばしたって壊れないほどの「強靱な力」が生み出されることになるわけです。

つまり国民統合が進むということは、国民同士がいろいろな問題に対して一致団結して、協力していく、ということなのです。戦争になれば彼らは共に戦います。彼らは平時においても互いに協力しますから、そこに偉大なインフラや偉大な街をつくりあげていくこともできます。

こうして彼らは、その中心都市ローマに、2000年以上も前の時代に、想像を絶するほどに高度な文明を築きあげることができたのです。

そんな高度な文明は、ローマ人たちの「協力」によってつくりあげられたのであり、その協力は強固な「国民統合」によって成し遂げられたのであり、そしてそんな国民統合は、採算など度外視でつくり続けた超高水準の「道路ネットワーク」の整備によって支えられたのです。

つまり、ローマをローマたらしめたのは、ローマ人の強力な「意志」の力に裏打ちされた徹底的な「交通投資」だったのです。


「世界史的大国」はいずれも「道」によってつくられていった

こうした「道」の整備による国力の飛躍的増進、というパターンは、その後、世界中で繰り返されていきます。

その近代の典型例はドイツです。

ドイツもまたローマと同様、強大な「帝国」を築きあげますが、その強大な国力を支えたのは、ドイツ全土を網の目で結ぶ、超高レベルの高速交通網でした。

とりわけドイツの国力を増進させることに重大な努力を差し向けたヒトラーは、超高速道路網である「アウトバーン」に徹底的な公共投資を図り、それを高度化していくと同時に、ドイツ帝国鉄道にて当時における世界最高速度の鉄道を開発し、これでドイツ各地をつなげていきます。

こうして高度化したアウトバーンと帝国鉄道によって、ヒトとモノの交流／コミュニケーションが活発化し、ドイツ全土の国民がさらにより強固に統合され、そして、その国力を飛躍的に増進させていったのでした。もちろん彼らは大戦に敗れはしましたものの、その交通網で結びつけられた国民統合の力を得て、今日では、ＥＵ圏を牽引する強大な経済大国をつくりあげました。

二十世紀後半の超大国、アメリカもまた、ドイツと同じく、日本では信じられないほどの車線数を誇る超広幅員の高速道路（フェデラルハイウェイ）で全国各地を結んでいきます。とりわけ、１９２９年の世界大恐慌をきっかけとして始められた「ニューディール政策」において大規模な公共投資を図り、高速道路網をさらに高度化していきます。こうしてアメリカもまた、ローマやドイツと同じく、全国各地におけるヒトとモノ双方の交流が飛躍的に活性化し、国民統合が図られ、世界最強の「超大国」をつくりあげていったのです。

そして我が国日本も――今となってはその勢いに衰えを見せてはいるものの――「新幹線」の整備、ならびにそれと並行して行われた高速道路の建設を通して、「奇跡」とすら言われた高度成長を果たし、「経済大国」へと大躍進していったのです。

そして今日、こうした数々の「大国」の成功の歴史を見続けてきた中国が、21世紀の超大国とならんために躍起になって推進しているのが、高速道路と新幹線の建設です。

その建設スピードは、凄まじいの一言です。

日本は初期においてこそ、計画決定から6年間で約500キロの東京－大阪間の新幹線を建設しましたが、その後の建設速度は、極端にスローダウンしています。高速道路においてもよく似た状況で、高度成長期には盛んに整備されていきましたが、今日ではその整備速度は驚くほど低下しています。

ところが、今日の中国では、新幹線については1年間で約1000キロをつくり、高速道路に至っては1年間で約8000キロをつくるというスピードで、中国全土を「つなぎ」続けています。それは、日本が半世紀かけてつくりあげてきた全ての新幹線をたった2年でつくり、日本が同じく半世紀かけてつくりあげた全高速道路をたった1年でつくりあげるほどの、超驚異的なスピードです。

中国経済には、実に様々な問題が胚胎されており、これから中国がどのようになっていくのかについては慎重に議論すべきところではありますが、これまでの世界の歴史を踏まえるなら、これだけの交通投資が進められれば、中国全土の国民統合が促され、中国の国力がさらに飛躍的に増進していく可能性は、十二分に存在すると考えてもさして問題ないでしょう。

いずれにしても、これまでの歴史を振り返れば、その国の中に高性能の「道」を整備し全土をつないでいけば、ヒトやモノの交流を活性化し、国力が飛躍的に増進し、その国が大国化していくのは、ほとんど「歴史の法則」とでも言っていいほどの、明確な事実なのです。

「夢の実現」という共通体験が「ナショナル・シンボル」を生み出した

こうした「歴史の法則」に則り、我が国の東海道新幹線も、太平洋ベルトという巨大都市が連なる地域における統合を果たし、交流を飛躍的に増進させ、国民統合を大幅に促進させていきました。

こうして新幹線は、現代日本のナショナリズムをさらに高度化させていったのですが、この新幹線は、本書の冒頭でも指摘した通り「ナショナル・シンボル」としての機能も果たすようになっていきました。

この点について、例えば川勝平太《かわかつへいた》は次のように指摘しています。

［図４－２］東海道新幹線開通記念券

出所：『新幹線十年史』

「日本のイメージが、それまでの『フジヤマ・ゲイシャ・サクラ』から、富士山をバックに、桜の季節にシャープなフォルムの新幹線が走り抜けるイメージに変わったのです。新幹線は日本の技術レベルを世界に発信する象徴的存在でした。当時の国鉄がこのイメージを世界に発信しましたが、以来日本といえば、新幹線に代表されるハイテク技術と、富士山、サクラに象徴される美しい自然を合わせ持つ国と言うことになったのです」（国際交通安全学会『「交通」が結ぶ文明と文化』〈技報堂出版〉より）

新幹線が颯爽と駆け抜ける姿を思い浮かべるとき、［図４－２］のような映像を想像する人は少なくないのではないかと思います。これは、日本の前を横切ることで、日本のナショナル・シンボルとなっている富士山の前を横切ることで、新幹線が日本というネイションの大動脈であることを象徴しているのです。

そしてこのナショナル・シンボルは、国民国家の権威の表象であり、同じネイションに帰属しているのだというイメージを掻き立てるよう国民の心理に作用するものです。例えば、先の梅棹や十河のように、新幹線を「中枢神経」や「動脈」ととらえているのは、日本国家を一つの有機体と見なしていることを前提としており、かつ、その有機体である日本国家を一つに「統合」するための象徴として「新幹線」という存在が機能しているということを意味しています。

そして、新幹線を国民統合の象徴と見なすのは、半世紀を経た今日においても、まだ健在です。

例えば、先にも紹介したように、東日本大震災において東北新幹線の復旧が急ピッチで進められ、約50日間でその復旧が終えられていますが、それに携わった鉄道関係者たちの「東北の〝背骨〟を早期に復旧させて、被災地の復興を支援したい」という熱意がこの復旧における強力な推進力であったと言います。そしてその復旧が叶った際、各テレビでは「日本列島の背骨が回復した」と盛んに報道しています。

あるいは北海道新幹線の建設促進の要望に際しても、「国土の南北を貫く『背骨』としての新幹線の役割が一層高まっている」と列島を有機体と見立てるイメージが主張されています。

こうした主張はいずれも、新幹線を動脈に例えつつ、人々に「日本国家が一つ」であるというイメージを喚起する十河の思想を引き継ぐものと言うことができるでしょう。

では、なぜ新幹線がこれほどのナショナル・シンボルとして機能しているのかと言えば、一つには、それが敗戦から立ち直った技術立国日本をシンボリックに表現するものだからである、という点は前に指摘した通りです。ですがそれに加えて、先の章で見た通り、「新幹線をつくる」という国家的大イベントを、国民共通の「夢」の実現を目指して、皆で力を合わせて成し遂げたという「共通体験」が存在していた、ということも大きな理由になっています。

例えば、アントニー・スミスは、人々がある対象を象徴と見なすのは、その対象がネイションの概念、すなわち「人々が共有している共通の歴史的記憶」を明確に表現してくれるからであると論じていますが、東海道新幹線はこのスミスの指摘を裏付けるものと言うことができます。またこれは、スミスが論じたエスニ（文化的共同体）が示唆した、ナショナル・シンボルはナショナリズムを生み出すだけでなく、ナショナリズムによって生み出されるという議論とも整合しています。つまり、東海道新幹線がナショナル・シンボルとして見なされているという事実が、新幹線計画においてナショナリズムが機能したということの表れであると見ることができるわけです。

敗戦による「劣等意識」が、ようやく払拭された

東海道新幹線はこうして、様々な形でナショナリズムを活性化したわけですが、一方、世界の「運輸政策」の考え方をも一変させます。

そもそも、欧米諸国では、鉄道というものは時代遅れの乗り物で、馬車が廃れていったようにそのうち廃れていくだろうと見なす「鉄道斜陽論」が支配的でありました。そして、とにかく欧米に追従するのが正しいだろうという風潮が強くあった戦後日本においても、欧米発の鉄道斜陽論が支配的なものとなっていたのです。

しかし、この新幹線の「大成功」は、人口稠密《ちゅうみつ》な地域における新たな輸送機関のあり方を世界に示すことになり、それを通して鉄道斜陽論を覆します。そしてその結果、やみくもに欧米追従の態度は、いかがなものか、という議論が芽生えていきます。

例えば、専門誌『運輸と経済』には、次のような記事が掲載されています。

「ここで外国に対する態度について一言しておきたい。彼らは先進国であり、教師であったことは否定できないけれども、今日もそうであるとは限らない。またかりにそうであるとしても、彼ら自体も将来を模索し、試行錯誤しているのである。その行動は参考になるとしても一挙一動を見習おうというのは愚かであり、そこで行われた中から合理的部分だけを取り上げ、また失敗を見て同じことをくりかえさないようにすればよいのである。これまでの傾向は、ある一つの国のすることは無批判に取り入れよう、と言う傾向がないではない。しかし日本ももっと自身をもってよい段階だし、また自らの頭脳で苦労すべきであろう」（運輸と経済、1969〈昭和44〉年、29〈3〉）

国民をあげて取り組んだ国民的プロジェクトを通して、欧米の記録を「ぶっちぎり」で抜き去って「世界一」となるという「夢」を体現した新幹線の実現は、敗戦による日本人の劣等感を払拭し、日本人に再びプライドと自信をもたらしたのです。

それは例えば今日で言えば、長引くデフレ不況で経済大国の誇りを失いつつあった日本において、「世界一」の高さを持つ東京スカイツリーが建設されることが国民のナショナリズムを刺激し、大きな注目を集めたことと同様の構図を持つものです。ただしそのスケールとインパクトで言うなら、国土の構造そのものをつくり替えるほどの新幹線のそれは、単体の構造物であるスカイツリーとは比較にならないほどに巨大であったことは想像に難くありません。

新幹線の成功が、世界各国のナショナリズムを刺激した

さらに、東海道新幹線が鉄道斜陽化論を払拭したことによる影響は日本にとどまらず、世界の鉄道人にも大きな自信を与えることになります。同時に、日本という国のイメージは、外国人にとって「世界一早い東海道新幹線を建設した国」となっていったと言います（運輸と経済、29、〈2〉）。

特に刺激を受けたのは、それまで数々のスピード試験によって最高速度を出しながらも、技術的に営業運転は不可能と結論づけ、鉄道衰退の流れの中にいた西欧諸国でした。例えば、フランス鉄道関係協議会の会長は、次のようなスピーチをしています。

「私のところに日本から来るクリスマスカードの半分は新幹線の写真だ。日本人はこうして世界中に新幹線を宣伝している。これを許すわけにはいかない。われわれも新幹線

――をつくらなければならない」（『新幹線がなかったら』より）

そして事実、フランス国鉄は東海道新幹線が開通した翌年にすぐさま「TGV（超高速列車）」という高速鉄道構想を打ちあげていきます。彼らは日本の新幹線を打ち負かすべく技術開発を繰り返し、1981（昭和56）年には、17年間世界の首位にあった東海道新幹線を上回る営業最高時速260キロでの運転が開始されることとなったのです。

その後その他の国々でも高速鉄道開発が行われ、新たな高速鉄道が次々と誕生していきます［図4－3］。

つまり、世界の運輸政策、鉄道技術は、新幹線の成功を機に、一変していったのであり、かつての「鉄道斜陽論」がまるでウソであったかのように、世界中で鉄道がつくられていくこととなったわけです。

そして、今や開発途上国においては、「新幹線を持つ」ことが「先進国」「一流国」の仲間入りを果たすための象徴的な存在となっています。

例えば開発途上国のベトナムでは「日本の高度成長のシンボルだった新幹線を採り入れ、同じような成長を実現させたい」（『朝日新聞』2010年5月25日）という意欲を見せてい

［図４－３］　各国の高速鉄道
（現在の営業最高速度が300km/h以上のみ掲載）

開業年	国　名	高速新線の延長（km）	営業最高速度（km）	走行車両
1964	日本	2,176	300	新幹線
1981	フランス	1,843	320	TVGなど
1988	イタリア	507	300	ETR
1991	ドイツ	996	320	ICE
1992	スペイン	1,563	300	AVE
1997	ベルギー	133	300	タリスなど
2003	イギリス	109	300	ユーロスター
2004	韓国	222	300	KTX
2007	台湾	345	300	700T系
2008	中国	120	330	CRH

注：高速新線の延長は 2008 年 10 月末現在

ます。あるいは、２００２年に中国が開発した高速鉄道車両が、「中華の星」と命名されたのも、国威発揚のためのナショナル・シンボルとなっていることの表れと言えるでしょう。

つまり、新幹線を巡る競争は、国家の威信をかけた競争なのであり、世界各国で新幹線をつくりあげている真の原動力は、各国の「ナショナリズム」なのです。

そして繰り返しますが、そんな新幹線を巡る今日のナショナリズム競争の流れは、鉄道斜陽論を打ち破る日本の新幹線がなければ、生まれることなどなかったのです。

さらに言うなら、その日本の新幹線は、先の章でも詳しく見てきたように、日本の国を慮る国士十河や、その十河に共鳴した国鉄技術者、そして何より全ての日本国民が参画した「ナショナリズム」によってつくりあげられたのです。こうした世界の鉄道の現代史は、日本国民のナショナリズムが世界の鉄道斜陽論を打ち破り、世界中の新幹線を巡るナショナリズム競争に火を付けた張本人なのだということを明確に指し示しています。

つまり——日本の新幹線、さらに言うなら日本の「ナショナリズム」こそが、その後の世界の歴史を、文字通り、一変させたのです。

第五章　つなげよう、ニッポン！

以上本書では、二つの章にわたって東海道新幹線の構想と実現、そしてそれによって世界の歴史がどのように移り変わっていったのかを描写しました。

その物語から明らかになったのは、以下の二つです。

第一に、新幹線は、十河らを中心とした、日本国民のために理想を実現しようとする、ナショナリズムを明確にその精神の内に胚胎したひと握りの人々の絶えざる努力を起点とし、それに日本国民全体が共鳴することで巨大なナショナリズムのエネルギーが生まれ、そのエネルギーが数々の技術的、政治的問題を打ち破ることを通して、構想から10年たらずの間に完成した——という歴史的事実です。

そして第二に、そうしてできあがった新幹線は、国土の構造を変え、国民を物理的空間的に統合させることを通して、「もう我々は、欧米の後塵を拝する劣等国民ではない、世界一の技術力を持つ国民なのだ」ということを示す「ナショナル・シンボル」となることを通して、そして何よりも、そんなナショナル・シンボルを数々の困難に打ち勝ちながら実現させたのだという「共通体験」を国民全体で共有することを通して、私たち日本国民のナショナリズムを、さらに巨大で、活力あるものに仕立てあげたのです。そしてそれは、日本国民のナショナリズムを刺激するだけではなく、新幹線の整備競争、スピード競争を巻き起こすという形で、世界各国のナショナリズムをも刺激したのです。

こうして新幹線はナショナリズムによってつくりあげられ、そしてその新幹線は逆にナショナリズムをさらに活性化させることとなったのです。

では、こうしたナショナリズムと新幹線を巡るダイナミックかつ巨大なスケールの物語は、一体何を我々に暗示しているのでしょうか？

本書を終えるにあたり、この大きな物語が、現代の私たち日本国民に語りかけている含意を、そしてその含意が指し示す私たち日本国民の「未来」を、いくつかの関係する史実や事実、理論を援用しながら読み解いていくこととしましょう。

夢の新幹線構想

東海道新幹線が開通直後、新幹線の整備に向けたナショナリズムの動きは極めて活発なものでした。その勢いを得て、小倉、博多までの山陽新幹線がつくられると共に、全国を新幹線でつなぐ計画（全国新幹線鉄道の基本計画）がたてられます。

［図5－1］をご覧ください。

この計画では、北海道から鹿児島までを新幹線でつなぐのみならず、全国の人口20万都

［図５－１］　現在「基本計画」がつくられている新幹線網

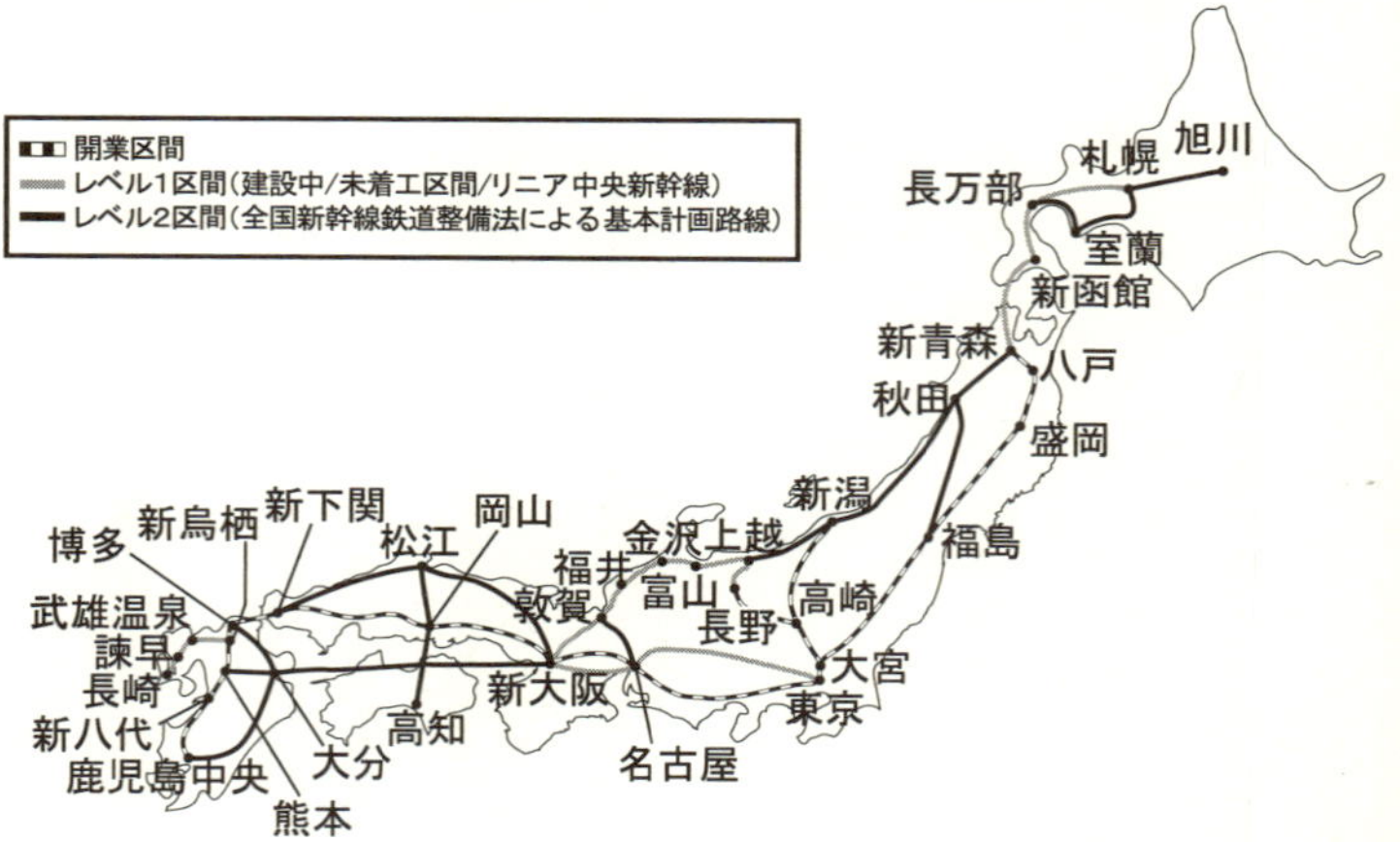

市を中心として網目のようにつないでいく「新幹線ネットワーク」をつくるという、今思えば、まさに「夢」のような新幹線ネットワークでした。

この新幹線ネットワークでは、日本海側の諸都市や、大阪－四国－大分をつなぐのみならず、東京と大阪の間を別ルートでもう1本（これは、後に中央リニア新幹線と呼ばれるようになります）つなぐことが構想されました。

先進国では「当たり前」の新幹線「ネットワーク」構想

そんな「新幹線ネットワーク」の構想ですが、その構想の背後には、「主要な

構想に基づいてつくられた、ということを意味しています。

そして第二に、基本計画ができれば、日本の新幹線のレベルは独仏にようやく「追いつく」ことができる、ということも意味しています。

これら2点に加えて、もう一つ重要なことは「主要な都市を高速の鉄道で結んでいく」という発想そのものは、先進国においては決して不思議なことでも何でもない、当たり前の発想なのだ、という点です。

遅々として進まない、地方での新幹線構想

そんな「当たり前」とすら言える新幹線「ネットワーク」の構想ですが、1980年代前半には、仙台までの東北新幹線や新潟までの上越新幹線がそれぞれ開通するなど、少しずつつくられていたのですが――それ以降、新幹線の整備スピードは一気にスローダウンしてしまいます。

本書の冒頭でも紹介した九州新幹線が開通したのは、その計画が策定されてから、実にほぼ40年もの年月が経過した後のことでした。東海道新幹線の場合は、政府で正式にそれが決定されてから、実にたった6年で、約500キロの営業区間が開通したことを考えれ

ば、その整備速度の「遅さ」は、とてつもない水準にあると言ってもよいでしょう。

しかも、北海道新幹線、北陸新幹線　長崎新幹線についてはようやく完成年次のめどはたったものの、いまだに開通していませんし、それ以外の四国新幹線や日本海側の新幹線に至っては、ただ単に計画がつくられたままであって、その具体的な進展はまったくといっていいほど見られていないのが実情です。

こうした背景には、日本政府の財政の問題があることは間違いありません。例えば、新幹線の整備に対しては、国費の公共事業関係費の総額のたった1％程度しか支出されていないのが実態で、しかも、公共事業関係費の総額も過去15年の間に半分程度の水準にまで削られているのが実情なのです。そして、ことあるごとに日本政府は財政危機だという言説が、政府内外から聞こえてきます。こうした状況では、新幹線の整備スピードが極限にまで低迷したとしても致し方ありません。

あるいは、本書冒頭でも触れましたが、大手新聞社の新幹線整備に対する大変にネガティブな報道姿勢もまた、新幹線の整備を妨げる極めて重大な要因となっています。

大手新聞におけるネガティブな報道は、「ボディーブロー」のようにして、一般の国民のみならず、多くの政治家や知識人といった国内のオピニオンリーダーたちの意見に多大な影響を及ぼし続けます。そして、新幹線の整備に向けた政治的な流れをことごとく押しつぶしていくこととなってしまいます。

新幹線構想が進まないのは、「ナショナリズム」の動きが低調だから

こうした財政問題、メディアにおける報道姿勢の問題はいずれも実に深刻な問題ではありますが、より大局的に物事を考えるなら、これらの問題よりも、より本質的、抜本的な大問題が存在しているという実態が浮かびあがってきます。

そんな本質的な問題とはすなわち、今日の日本における「ナショナリズム」の水準の極端な低迷です。

本書で詳しく概観しましたように、東海道新幹線の物語から明らかに浮かびあがってきたのは、実に様々な場面で表れ出でてくるプロジェクトを阻む数々の障害がその都度、「ナショナリズムの巨大な力」によって打ち破られていった、という実態です。

巨大なナショナリズムがあったからこそ、財源不足に対しては世界銀行からカネを借りてでも進むべしという判断が下されたのであり、そんなナショナリズムがあったからこそ、一部において新幹線の整備に対するネガティブな報道がなされても、それを上回る新幹線

待望論が巻き起こり、そんな反対論を圧倒していったのでした。

ですから、もしも今日の我が国においても、そのナショナリズムの水準が当時と同等と言わずとも、その半分でも3分の1でもあったとするなら、マスメディアの論調も随分と違ったものであることは間違いないでしょうし、財政の考え方も、公共事業費の「たった1%」といったような、新幹線の巨大な影響力を理解している国民にとっては、その合理性を理解することが著しく困難な水準とは、全く次元が異なる水準の財政が展開されていることは間違いないでしょう。

リニア新幹線構想は、「ナショナリズムの低調さ」の象徴

そんなナショナリズムの低調ぶりが最も表れているのが、「中央リニア新幹線構想」です。

この構想は、リニア新幹線技術を使って、東京と大阪を、たった1時間強で結ぼうという構想です。この構想実現には、何兆円もの予算が必要となるのですが、そのインパクトは、経済効果を考えるなら、累計すればそんな予算を遙かにしのぐ何倍もの巨大効果を我が国日本にもたらすことが公式に予測されているような、おそらくは21世紀上半期の文字

通り「最大」のプロジェクトとなる大国家プロジェクトです。

まずもって、1時間と言えば、通勤圏内です。つまり、東京、大阪、名古屋という、東海道新幹線で結ばれながらも別々に発展してきた太平洋ベルトの三大都市が、さながら一つの都市圏のようにつながることとなるのです。世界広しといえども、そんな超巨大都市（メガロポリス）は、どこにもありません。ニューヨーク、ロンドン、パリ、そして北京を遥かにしのぐ、文字通り「世界一」の大都市圏が我が国のど真ん中に誕生することとなるのです。その巨大都市圏の人口規模は、実に7000万人規模にも及ぶことになります。

グローバル化が進展していくにしたがって、都市間の競争は激化の一途を辿っています。株式市場の中心都市は、かつてはニューヨーク、ロンドンと東京でしたが、今や、東京の代わりに上海に移りつつありますが、その流れを一気に東京に引き戻すことが可能となるでしょう。

さらには、リニア新幹線の開業に合わせて、様々な都市計画プロジェクトを推進すれば、東京圏への一極集中が緩和され、大阪圏、中京圏のさらなる発展につながっていくことも十分に予想できます。

そうなれば、近い将来に起こるであろうと危惧されている首都直下地震が訪れて、東京に深刻な被害が生じたとしても、日本経済はその「翌日」から力強く稼働し続けることも可能となるでしょう。ところが、このままの東京一極集中を放置したまま、東京が深刻な被害を被るようなことがあれば、我が国は二度と立ち上がることができないほどの致命傷を負ってしまうことも十二分に考えられます。

しかも、同じく近い将来に起こることが確実視されている東海地震が起こった場合、現在の東海道新幹線は、深刻なダメージを受けてしまうことが、真剣に危惧されています。そうなったとき、日本経済の「大動脈」が寸断されてしまうこととなるわけですから、そのときの日本経済へのダメージは、それこそ想像を絶するものとなるでしょう。

そんな中で、リニア新幹線が開通してさえいれば、仮に東海道新幹線がとんでもない激甚被害を受けたとしても、我が国の経済は、巨大ダメージを被ることを回避することができるのです。それを思えば、リニア新幹線の開通は、そんな間接的な被害が生ずることを防ぐことを意味するわけですから、その「効果」たるや、先ほど述べた、「建設費用の何倍」という水準の、さらに「何倍」もの効果をもたらすことも考えられます。

――などなどといったことを考えておりますと、「リニア新幹線をつくらない」という判断を正当化することは、かなり難しいのではないか、と思えてきます。

だからこそ実際に「リニア新幹線をつくる」ということが2011年に決定されています。

しかし、問題は、その「開通時期」なのです。

今のところ、予定では東京から名古屋まで開通するのが、今からおよそ15年後の2027年、そしてそこからさらに大阪まで開通するのが、今から実に30年以上も先（！）の2045年が予定されています。

かつて東海道新幹線は、その決定からたった6年間で、大量の国費を投入すると共に、世界銀行からおカネを借りるまでして、東京－大阪間を開通させました。

ところが、このリニア中央新幹線は、決定からなんと、34年後に開通させるという、超絶な「スロースピード」で建設していくことが予定されているのです。

国家プロジェクトでなく、「民間ビジネス」としてのリニア新幹線構想

リニア新幹線の開通がそこまで先延ばしにされている理由は、もちろん、リニア中央新幹線の整備において、日本国民の「ナショナリズム」の力がほとんど活用されていないこ

とが、最大の原因です。

そもそも、基本的には、その建設費には国費が一切投入されないことが予定されています。

日本国政府は、リニア新幹線の建設をJR東海に「指示」したのですが、政府の関与は、基本的にはその「指示」以上のものではありません。

それでは誰がその建設費を負担するのかと言えば、その全てを、「JR東海」という、一民間企業が賄うこととなったのです。

それゆえに、JR東海という「一企業」の「財務制約」から、東京－大阪間の早期開通は困難であると判断されたのです。

そして、JR東海という一企業の財務分析の結果として決められたのが、30年以上も先の東京－大阪間のリニア開通、という計画だったのです。

つまりその開通時期は、「日本の国益」というナショナリズムに基づく発想とは無縁の、「一私企業の財務分析」というナショナリズムとはかけ離れた、単なる「ビジネス」の論理で決定されてしまっているわけです。

もちろん、もしもリニア新幹線の影響が国家的なものではなく、JR東海という一企業のビジネスだけに関わることであるのなら、そういう差配も十分に理解できるところではあります。

しかし、先にも指摘したように、リニア新幹線の開通はマクロな日本経済の行く末に巨大なインパクトをもたらすのであり、かつ、巨大地震対策の視点から言うなら、大地震勃発までに開通が間に合うか否かという点は、「日本国家そのものの命運」を分けるものでもあります。そうである以上、その費用の全てをJR東海が拠出するというのは、「国益」の観点から正当化し難い判断なのではないか、という意見を「合理的」に「否定」できる方はこの世の中に本当におられるのかどうか――筆者には全くもってわかりかねるところです。

リニア新幹線の「民間ビジネス化」で、国民はどれだけ損をするのか?

ここで改めて、開通が現在の計画通り進められたときと、例えば、東京－大阪間が早期かつ同時に開通されたときとで、どれだけの差があるかを考えてみましょう。経済学では一般に、こうした差は「機会費用」と呼ばれるものなのですが、それは要するに、「現在の計画通りに、リニア新幹線の整備時期が遅いままとなってしまった場合には、どれだけ私たち日本国民が『損』をしてしまうのか」を意味するものです。

「第一の日本国民の損」は、巨大地震の勃発までに、その開通が（急げば間に合ったにもかかわらず）間に合わなくなってしまい、日本経済が度しがたいほどの巨大被害を被ってしまう、というものです。そうなる確率は十二分以上に存在することは科学的には明々白々なのですが、もしもそういう事態となってしまえば、その損害は、金銭換算などできないほど激甚なものとなり得るでしょう。あえて金銭換算すれば、今の計画のまま進めてしまうことの「損」の額（＝機会費用）は、軽く何兆円、何十兆円（場合によっては累計で数百兆円）というオーダーに届いてしまうことになるでしょう。

「第二の日本国民の損」は、開通時期が遅れることで、その間に世界各国、とりわけアジアとの都市間競争で、埋められないほどの差をつけられてしまう、というものです。つまり、何十年も先にリニア新幹線が開通したとしても、もう手遅れとなっている、という国民レベルの巨大な「損」失です。これもまた金銭換算することは困難ですが、あえて換算するとすれば、先と同じく、累計で何兆円、何十兆円という水準に届いてしまうことになるでしょう。

「第三の日本国民の損」は、とりわけ開通時期が遅い関西圏、さらに特に大阪が被る

「損」です。リニアが名古屋に届いてから、大阪に届くまでに20年近くの年月があるのですが、その20年の間に、名古屋と大阪の経済圏の格差は、一気に拡大していくことは明白です。そうなることは、本書の冒頭で紹介した、【図1－3】～【図1－5】（30～32ページ）の3枚の地図が指し示す歴史的事実からも明らかです。

これだけの「損」が明確に危惧されるわけですから、筆者にはその開通時期を見直す議論を始めることは（あるいは少なくとも、議論を始める検討を始める程度のことくらいは）、極めて合理的な判断なのではないかと思えてならないのですが――こういう議論は、国民的に大きな注目を集めているわけでは、決してありません。

多くの国民が、これらの損失を真面目に考えることがあるなら、こうした議論が活性化し、リニア新幹線の早期開通に向けたナショナリズムが動き出すこともあるのかも――しれません。例えば、もしも「東京オリンピック」が２０２０年に開催されることとなったのなら、それによって日本のナショナリズムは活性化することは確実です。そうなれば、かつての東海道新幹線と同じように、オリンピックで活性化したナショナリズムによって、リニア新幹線プロジェクトが「ナショナル・プロジェクト」として大きく展開していくこともあるのかもしれませんが――少なくとも本書執筆時点における現時点では、日本のナショナリズムはこのリニア新幹線問題については、大きくは反応していないのが実態なのです。

新幹線についての「ナショナリズム」が駆動しない構造

このように見てきますと、日本の新幹線プロジェクトは、リニア新幹線にせよ地方部の新幹線にせよ、その経済効果や都市の活性化効果などの明確な「合理的な理由」から、その整備計画が立案されてはいるものの、かつての東海道新幹線のときのような「国民の熱狂的支持」は得られておらず、それゆえに、その整備スピードは東海道新幹線のそれとは比ぶべくもないほどに圧倒的にスロースピードとなっているという実態が見えてきます。

ここで、ナショナリズムというものが、合理性を軸としたいわゆる「政府の原理」と、感情的側面を軸としたいわゆる「民族の原理」の二重性を持つマクロな現象だ、という論理的側面を思い起こしてみましょう。

東海道新幹線は、東海道の輸送難を解消しようとする合理的な「政府の原理」と、世界一のスピードを実現し、欧米を追い越すという感情的な「民族の原理」双方が重ね合わさったからこそ、大きなナショナリズムのうねりが生じたわけです。むしろ、そうしたナシヨナリズムのうねりの発生においては、前者の政府の論理はさして重要ではなく、後者の民族の原理こそが重要であるというのが実態であって、東海道の輸送難の解消に興味があったのは技術者だけで、国民の興味は「世界一のスピード」という「夢の実現」でありました。しかも、その民族の原理は東京オリンピックの開催とあいまって、「戦後焼け野原からの復活」「欧米列強の仲間入り」を「世界中の人々に見せつける」という、人々のナショナリズムをさらに鼓舞する要素も加味され、あれよあれよという間に整備決定からたった6年間でつくりあげられたわけです。

ところが、今日の新幹線整備には、そうした国民的に共有された「物語」が決定的に欠けており、その結果、国民感情を刺激する「民族の原理」が不在のままとなってしまっているのです。これが、今日、新幹線を推し進めるナショナリズムが駆動していない基本構造です。

新幹線についての「物語」が共有できない背景

それではさらに、新幹線を巡る国民的な物語が共有できない理由を考えてみることとしましょう。

そもそも東海道新幹線は、日本中が焼け野原にされた敗戦からたった10年後にその構想が始められ、20年後に「東京オリンピック」の開催と共に開通されたものでした。ですから、当時は大変大きな「敗戦のショック」に日本全国が覆われた時代でした。そんな中で、新幹線はその敗戦から立ち直る夢と希望を与える存在となったわけで、それによってナショナリズムが大きなうねりを持って動き出したわけです。

つまり当時は、日本全体が「敗戦とそこからの脱却」という「大きな物語」によって濃厚に、かつ、すっぽりと包み込まれていたのであって、そしてその物語それ自身に、新幹線を通して働きかけることで、大きなナショナリズムを駆動させることに成功したわけです。

ところが、今日の日本には、そんな風にして日本全体を包み込むような大きな物語は存在していません。

だから今日においては、日本の「ネイション」「ナショナリズム」には「とりつく島」が存在していない状況となっているのです。そしてその結果として、新幹線を軸とした国民的な物語をつくり出すことが不能となってしまっているわけです。

つまり、新幹線の整備に、東京と大阪を1時間強でつなぐことができるという事実や、何十兆円、何百兆円というほどの巨大な経済効果があるという客観的見込みをどれだけ伝えようとも、多くの国民にとってそれは、「あ、そう。だから何?」的に扱われてしまうこととなっているのです。

東日本大震災による「国難」という「大きな物語」

では「大きな物語」を欠いている今の日本には、かつてのような新幹線を巡るナショナリズムの大いなる駆動を期待することは不可能なのでしょうか?

——筆者は、この問いに対して、明確に「否」と考えています。

なぜなら、潜在的な可能性として言うのなら、今日の日本においても、大きな物語は十分に成立し「得る」ものだからです。

そのヒントは、かの東日本大震災にあります。

2万人近くものおびただしい数の人々が、あの震災によってその貴重な命を落とし、三陸海岸の多くの街々は壊滅的な被害を受け、その挙げ句に、技術立国日本の象徴の一つであった原子力発電所にて極めて深刻な事故が起きてしまいました。

この震災の直後、「国難」という言葉が各所で使われ、この東北地方の国民を中心とした被害を日本国民全体で分かち合い、国民全体で等しくその苦しみを受け止めようという雰囲気が日本全体を覆うこととなりました。そして、この「国難」から一日も早く立ち直らなければならないという思いが、国民的に共有されました。

こうした「国難とそこからの脱却」という構図は、戦後復興のそれと、同様の構図を持つものと言っていいでしょう。

もちろん、アメリカを中心とした連合国側によってもたらされた被害と、今回の被害とを比べれば、失われた人命の数は百倍を超すものであり、また、東京、大阪、名古屋を中心とした大都市が全て焼け野原にされたわけですから、両者の間には大きな隔たりがあることは事実です。しかしそれでもなお、「平和」の中に半世紀以上生きてきた日本国民にとっては、この大震災の被害は大方の想像を遥かに上回る、文字通り「想定外」の文字通り未曾有の被害だったわけです。

それゆえ、「東日本大震災」とそこからの「復興」は、あのとき確かに、日本国家全体を覆う「大きな物語」となっていたのです。

そして事実、本書冒頭でも紹介した、その最中に社会現象にすらなったＣＭが繰り返し流された九州新幹線の開通は、そんな「大きな物語」と確かに共振し、共鳴し合い、日本国民に夢と希望を与えたのです。

しかしながら——テレビや新聞で、大震災を取り扱う記事の割合が徐々に縮小していき、あれから2年以上が経過した今日では、いまだに震災復興が遅々として進まない中であるにもかかわらず、直接の被害を被った地域の外ではまるで何もなかったかのように、かつてと同じ日常が繰り返されているやに見受けられます。

つまり、大震災直後に覆っていた「国難から皆で立ちあがる」という大きな物語は、今や哀しいかな、日本全体を濃厚に覆い尽くすものとはなっていないのが実情のように思えます。

今、日本がさらされている、真の国家存亡の危機

ただし、この「国難」の物語は、これで終わりなのでは断じてありません。

一つには言うまでもなく、復興がいまだに全く終わっていないからです。

そしてもう一つには、この東日本大震災を遥かに上回る、超巨大被害を我が国にもたらすことが確定的な首都直下地震、そして、南海トラフ地震が、我が国に襲いかかる公算が極めて濃厚だからです。

首都直下地震は、30年以内に70％の確率で生ずると言われており、南海トラフ地震については、同じく30年以内に60〜70％の確率で生ずると言われています。そしてその被害は、死者数も被害額も、合計すれば東日本大震災の10倍、20倍以上に達する可能性さえ危惧されています。

なぜそこまで巨大な被害となり得るのかと言えば、それらの地震が襲いかかる地域の都市規模が、東日本大震災のそれとは比べものにならないくらい、桁外れに大きなものだからです。

その桁外れの被害の巨大さは、文字通り、かの第二次世界大戦の被害に匹敵するほどに激甚なものです。何といっても、東京、大阪、名古屋を中心とした太平洋ベルトの主要都市が軒並み壊滅してしまいかねないのであり、かつ、その死者の数も第二次世界大戦時の「年間平均死者数」に匹敵する水準となり得るということが、明らかに示されているのです。

以上は、今日の科学で明らかにされている諸事実なのですが、「歴史」を振り返れば、さらに恐ろしい事実が浮かびあがってきます。

それは、先の東日本大震災と、首都直下、南海トラフという三つの巨大地震との「超巨大地震三連動」です。

東日本大震災と類似した、東北太平洋沖の巨大地震は、過去2000年の間に4回生じているのですが、その4ケース内、3ケースにおいて（つまり、75％の頻度で）南海トラフ地震が18年以内に連動しているのです。そして、首都直下地震に至ってはその4ケース「全て」において、10年以内に連動しているのです。

つまりは、少なくとも過去の歴史を踏まえるなら、もう既に、M9という文字通り未曾有の東日本大震災が起きた今、首都直下地震は10年以内には、おそらくは必ず起こるだろう、南海トラフ地震も、20年以内には、相当の確率で起こるだろう——と「覚悟」せざるを得ないような状況にあるのが、今日の我が国の状況なのです。

繰り返しますが、この危機は、「まず起こらないけれど、ひょっとすると起こるかも——」というレベルの話では断じてなく、文字通り「今、そこにある」ナショナルレベルの国家的超一級の巨大危機に他ならないのです。

巨大地震の危機を見据えた「強靱な国づくり」

もちろん——私たち人間は、驚くほどに愚かな存在です。

したがって、これだけの巨大危機が、今、そこにあることが科学的に明白であったとしても、多くの人々はそれに気がついていません。むしろ、そういう危機が恐ろしいものであればあるほどに、その恐怖や不安から逃れるために、その危機に対して目を閉じ、耳をふさいでしまうことすらあり得るのが、哀しいかな、我々人間の「性」なのです。

しかし、徐々にではありますが、確実に、かの3・11以降、日本国民は、そんな「目を閉じ、耳をふさぐ」ような状況から、変わりつつあります。

例えば、2012（平成24）年12月に安倍政権が誕生しましたが、その総選挙の際、安倍晋三自民党総裁は、徹底的な大地震対策を行うことを公約に掲げました。自民党は、そうした政策を「国土強靱化」と命名し、政権公約の一丁目一番地に、それを明記しました。同じく、その後自民党と共に与党になった公明党も、「防災・減災ニューディール」という名称で、十分な公共投資の下、巨大地震対策を徹底的に進めることを公約に掲げました。

もちろん「公共投資の拡大」については、世論ではとかく否定的に見られることが多かったのが事実です。例えば、その総選挙の一つ前の総選挙2009（平成21）年で政権を奪取した民主党は、「コンクリートから人へ」というスローガンの下、徹底的に公共事業を削減する公約を掲げ、その方針が大いに国民に歓迎されていたのでした。

しかしかの3・11以後、やはり人の命を守る公共事業までも削減し続けるのはいかがなものか――という気分が、国民の中で共有され始めました。

そしてその結果が、２０１２年の総選挙での、公共事業の拡大を高らかに謳った自公両党の大躍進だったのです。

そんな雰囲気は、世論調査にも明確に表れています。

例えば、２００６（平成18）年に筆者が行った全国調査で、公共事業の拡大を支持する国民は、全体のたった7％でした。そしてその逆に「公共事業を削減すべき」という割合は、実に73％もありました。

しかし、13年6月に朝日新聞が行った調査では、安倍内閣の「防災などの公共事業を全国で大幅に増やす方針」に対して賛成の人は、実に64％という結果となったのです。一方で、そういう方針に反対の人は、19％という低い水準に留まりました。

このことはつまり、ここ数年で、公共事業を巡る世論が完全に逆転したことを意味しています。そしてそれは、日本国民は「今、そこにある危機」を明確に理解し、それに対して立ち向かわなければ、私たちはトンデモナイことになってしまう、という危機感を共有し始めたことを意味するものと言っていいでしょう。

そして、私たち日本国民は、首都直下と南海トラフという超巨大地震の危機に直面したことで、「強靱な国づくりに取り組まなければならない」という一つの大きな「物語」を、少しずつではあっても、確実に共有し始めたのではないかと思います。

これは、日本中の国民が年を追うごとにバラバラになり、大きな物語をなくし、ナショナリズムが徹底的に衰弱し続けていた戦後日本の大きな流れを逆転させるほどの大きな転換と言っても決して過言ではないでしょう。

つまり、東日本大震災というナショナルレベルの国難、さらには、それを遙かに上回る巨大被害をもたらし得る**超巨大地震という国難の危機を前に、日本国民の「ナショナリズム」は再び、活性化しつつあるのです**。

そうして活性化し始めた日本国民のナショナリズムに対応するように、安倍内閣は今、オールジャパンで「強靱な国づくり」を果たそうとする、ナショナル・プロジェクト「国土強靱化」を強力に推進する体制を政府の中につくりあげようとしています。そして、そのための基本法（国土強靱化基本法）に基づき、日本の国のあらゆる側面、あらゆる地域を「強靱化」していこうとする取り組みを今、まさに、始動させようとしているのです。

「強靱な国づくり」のための新幹線構想（一）〜東京―大阪間の多重化〜

こうした活性化し始めたナショナリズムに基づく「強靱な国づくり」において、「新幹線」は極めて枢要な役割を果たし得るものです。

今のところ「政府の強靱化政策」の中で新幹線についての各種政策が正式決定されたものはありませんが、これまでの「国土強靱化」を巡る一般的な議論の中では、少なくとも新幹線は次のような二つの役割を担うべきであることが指摘されています。

第一に――これは既に本書でも一度指摘した論点ですが――南海トラフ地震が起これば、現在の東海道新幹線が寸断されてしまうことが危惧されています。そして、その被害の程度が（例えば、地形が完全に変異してしまうほどに）激甚なものであれば、その復旧には、数年間を要する可能性を指摘する専門家もいるほどです。

［図5―3］をご覧ください。

何の変哲もない、どこかの水辺の写真にしか過ぎないとお感じになるのではないかと思いますが、これは実は、かの東日本大震災の前まではずっと陸地が広がっていた、三陸地方のある場所の写真なのです。

［図5－3］　かつて陸地であったが、東日本大震災で海面下に沈んでしまった土地

撮影場所：宮城県石巻市長面

このことはすなわち、大地震が起これば、かつて陸地であった場所が水面下に沈んでしまうこともあることを意味しています。そして残念ながら、こうなってしまえば、「復旧」はほぼ絶望的なほど困難な状況へと至ってしまいます。

万一、現在新幹線が通過している土地が、南海トラフ地震によってこのように地形が根本的に変わってしまうようなことがあれば――、数カ月や1年程度で「復旧」を果たすことはできなくなってしまうかもしれません。

もしもこうなってしまえば、東西の大動脈は長期間にわたって分断されてしまい、我が国の経済は数兆円、数十兆円、場合に

よっては長期間累計すれば数百兆円規模の被害を被ることすら十分に考えられることとなってしまいます。

それゆえ、こうした激甚被害を回避するための「強靱化施策」として求められているのが、中央リニア新幹線や北陸新幹線の早期開通なのです。

中央リニア新幹線については先の章でも詳しくお話ししましたが、北陸新幹線については、少なくとも現時点では東京から福井の敦賀までは接続することが計画されていますが、そこから京都・大阪への接続については、いまだ正式決定されていないのが実情です。

いずれにしても、東京と大阪の間を結ぶ新幹線が「1本だけ」しかない、という状況は、この地震列島日本においては、驚くほどに脆弱な状況と言わざるを得ないわけです。したがってその脆弱性を克服し、東京－大阪間を「強靱化」するためには、その多重化は是が非でも求められている「ナショナル・プロジェクト」なのです。

「強靱な国づくり」のための新幹線構想（二）～一極集中の緩和～

国土の強靱化における、新幹線の第二の役割は、「東京一極集中の緩和」です。これは、「首都直下地震の被害の軽減」における、最も効果的な対策ですが、このためには、東京以外の地域での「新幹線の整備」が極めて効果的な対策となります。

［図1－3］～［図1－5］（30～32ページ）の地図を使いながら説明した通り、5年、10年という時間を考えたとき、「新幹線を整備した街はどんどん大きくなる」という国土形成史上の「法則」があります。

もちろん、街の大きさはほかの様々な要因にも影響されますが、新幹線整備が極めて重大な影響力を持っていることは、先に論じた通りです。

したがって、リニア新幹線をいち早く大阪まで開通させることができるなら、大阪、そして名古屋の両大都市に、東京の機能を「分散化」させることが可能となるのです。つまり、東京という狭い空間に押しとどめられた、日本国家の巨大な「都市化エネルギー」が、リニア新幹線によって名古屋圏、大阪圏にまで開放されていくこととなるわけです。

もちろんそのためにはそれを促すその他の対策を行うことも重要となりますが、大阪、名古屋への分散化を図るにあたって、このリニア新幹線の整備が、最も枢要な役割を担うことは間違いありません。

そしてそれによって大阪、名古屋への分散化がある程度図られているとするなら、仮に東京が壊滅的被害を受けても、我が国全体の被害は、最小限に食い止めることが可能となります。

さらに、「南海トラフ地震」を見据えるなら今度は、「太平洋ベルト」から「日本海側」あるいは、「北海道」「四国」「九州」等の諸地域への分散化を企図することが、最も効果的な「国土強靱化」の対策となります。そもそも、太平洋ベルト地帯には日本の人口や都市施設の実に7割もが集中しているわけですから、この一極集中が我が国の危機を極限にまで高めているわけです。

こうした一極集中を緩和するにあたって最も効果的な対策の一つが、【図5-1】(158ページ)に示されているような、新幹線整備の法律に基づいて計画されている数々の路線を、具体的に整備していくことなのです。

この図には、未開業の区間を「レベル1」「レベル2」と分類して記載していますが、レベル1はある程度整備の目処《めど》が立ち、一部具体的な工事が始められている区間です。一方で「レベル2」と分類した区間は、法律的にその計画はつくられたものの、具体的な検討はほとんど進められていない区間です(なお、これらの区分は、法的な区分と微妙に異なるものですが、実質的な計画の熟度に基づいて分類しています)。

しかし、このレベル1は言うに及ばず、レベル2の中にも、それを整備すれば、「南海トラフ地震」の想定被災地から効果的に分散化を促していく路線が実に様々に存在しているのが事実です。

ナショナリズムに呼応して動き出した全国の新幹線プロジェクト

こうした認識から、安倍政権が掲げる「国土強靭化」の議論が進められるにしたがい、それに対応するように、全国各地の新幹線の整備に向けての動きが、一斉に始められました。

まず、「レベル1」の区間については、東日本大震災から1年と少し経過した2012年の6月、北陸新幹線（敦賀まで）と北海道新幹線（札幌まで）の着工が、正式に認可されました。そして少なくとも、金沢までは2014年まで、新函館（仮称）までは2016年までに開通することが決定されています。なお、中央リニア新幹線については、東日本大震災直後の5月に整備計画が決定されています。

一方、「レベル2」の諸区間についても、中央政府に関してはいまだ正式な動きは見られないものの、それぞれの土地の自治体や財界が、正式な認可に向けて、様々な動きを始めています。

「四国への新幹線導入などを目指す『四国の鉄道高速化検討準備会』は路線の検討や建設費、事業費の算出などの基礎調査を実施する。2014年3月までに結果をまとめ国に提言する」（日刊工業新聞　2013年6月7日）

「山陰を経由して、福井県から山口県までを結ぶ超高速鉄道の整備を目指し、松江市など7府県の55市町村が5日、『山陰縦貫・超高速鉄道整備推進市町村会議』（仮称）を東京都内で設立する。（中略）実は1973年、全国新幹線鉄道整備法の基本計画で松江市や鳥取市の付近を経由する『山陰新幹線』（大阪市－下関市）が『建設を開始すべき路線』として盛り込まれていた。しかし、（中略）国の財政難を理由に40年間棚上げ状態になっている」（読売新聞　2013年6月10日）

このように、後者の記事にある通り、まるまる40年間棚上げ状態にされてきた路線も含めて、今、全国の新幹線の整備計画は、徐々に動き始めてきたのです。

こうした動きは、大震災を契機として、「強靱な国づくり」を目指したナショナリズムが活性化し、その帰結として、強靱化に資する全国の新幹線整備が徐々に始動し始めたのだと言うことができるでしょう。

つなげよう、ニッポン！　～新幹線で地方はホントに豊かになる～

多くの日本国民は、こうした新幹線計画は単なる「夢」にしか過ぎないと感じていることでしょう。

しかし、これができたとき、一体何が起こるのかを、是非想像して頂きたいと思います。

まずは、ご自身の生活がどう変わるか考えてみましょう。

例えば、「お昼過ぎに仕事があって、午後1時に到着しよう」としている場合をイメージしてみましょう。

そんなとき、例えば宮崎の人が大分に行く場合を考えれば、午前9時台には出発しないといけません。高松の人が松山に行く場合でもほとんど同じです。

しかし——新幹線がある地域の人たちは、全然違うパターンで出張が可能です。

例えば、岡山－新大阪間、新大阪－名古屋間は、（宮崎－大分、高松－松山とほぼ同様の）200キロ弱ですが、そんな距離は、新幹線ではたった40〜50分です。だから、彼らは、正午前後に出発すれば、余裕で午後1時までには到着できるのです。

こうした格差は、500キロ前後離れた都市間では、より顕著になります。東京から京都に午後1時までに着こうとすれば、10時40分出発で間に合います。ところが、同じような距離である鳥取から富山、青森から札幌であれば、「6時台」に出発しなければなりません。

つまり、四国や九州、日本海側地域、北海道の人たちは、隣の県に行くのにわざわざ、まるまる午前いっぱいを使って移動しないと行けないし、もう少し遠くまで行くためには、「トンデモナイ早朝」に出発しなければならないのです。ですが、新幹線が通っている都市に住む人々は、午前中に「ガッツリ」仕事をしてから、「サクッ」と行って帰ってくることが、いともたやすくできてしまうわけです。

だから今、新幹線がない地域に新幹線ができれば、そんな「サクッと隣の県へ行って帰ってくる」なんてことが現実にできるようになって、結果として、地域間の交流は格段に拡大していくこととなるのです。実際、九州の「西側」の人たちは今、そんな新幹線の巨大な恩恵にあずかって、地域間の交流が拡大していることは、本書の冒頭でも紹介した通りです。

そうやって交流が拡大していけば、中長期的には、次のような大きな効果が生まれてくることとなります。

先に紹介した「新幹線が通れば、都市は発展する」という国土形成上の「法則」を思い出してください。その法則は、新幹線によって様々な交流機会が拡大し、その結果として、新幹線の主要駅の周辺に様々な投資が進み、人口が拡大していった、という「事実」を意味しています。

もちろん、元々のポテンシャルが低い都市にはそのインパクトは限定的なものとなりますが、かつてそれなりに発展していたにもかかわらず、近年疲弊した地方都市には、新幹線が通れば、さながら「枯れ木に花を咲かせる」が如くに、一気に街が活気づいていくことも十分に予測されます（第一章の『新幹線の整備は、都市の「命運」を分けてきた（29ページ）』を改めてご参照ください）。

つまり、新しく新幹線でつなげられた多くの街々は、これから大いに発展していくこととなるのです。

そうなれば、全国の地方都市で、「雇用」がたくさん生まれていくことになります。デフレ不況が長らく続いた今日、地方都市の疲弊は目を覆うばかりで、雇用が失われ続けています。結果、自らが生まれ育った街で働きたいのに、仕事がないから致し方なく東京や大阪などに移り住んで居た人々も、夥《おびただ》しい数に上るでしょう。

しかし、新幹線でつなげられた街々が発展し、そこに雇用が生まれれば、しぶしぶ都会に出ていた人々もUターンすることが可能となるでしょう。

そしてそれが続けば、そんな街々の発展はさらに加速していくことになります。

そうして、地方の「中核」を担う都市が発展していけば、新幹線で直接つなげられていないその周辺の街も、その中核都市の発展に牽引される形で発展していきます。

【図5-4】をご覧ください。

この図は、筆者らの研究室で、新幹線の計画路線をはじめとした数々の現実的に整備可能なインフラを、現実的な工期の下つくった場合に、今から10年後に、各地域の経済規模（GDP）がどれくらい伸びるかを、シミュレーションで計算したものです。

ご覧のように、西日本の大多数、9割以上の地域において、インフラ投資によって経済が発展していくことが示されています。特に、新幹線が整備される島根や香川、愛媛の各地域の発展はとりわけ大きなものとなっていますが、その周辺地域もまた、発展していく様子が示されています。

つまり、新幹線で全国をつなげていけば、つなげられた都市も、またその周辺の都市も、その地で働き、豊かに暮らしていくことが可能となっていくのです。

つなげよう、ニッポン！　～太平洋ベルトが世界一の大都市圏になる～

では、太平洋ベルトの人たちにとって、新幹線で全国をつなげていくことは、どういう意味を持つのでしょうか。

まず、大阪や名古屋について考えてみましょう。

もちろん、地方への投資で、大阪や名古屋から、地方へ移転していく企業等は増えることでしょう。

しかし、だからといって、大阪や名古屋が衰退することにはつながりません。

そもそも、今の日本は、首都圏に何もかもが集中し過ぎています。

一方で、全国への新幹線の投資が進めば、西日本全体が成長していきます。そうなれば自ずとその中心都市である大阪や名古屋もまた、さらに成長していくこととなります。

［図５－４］ 新幹線などのインフラをつくった場合、
「10年後」の各地域の経済規模（ＧＤＰ）の伸び率

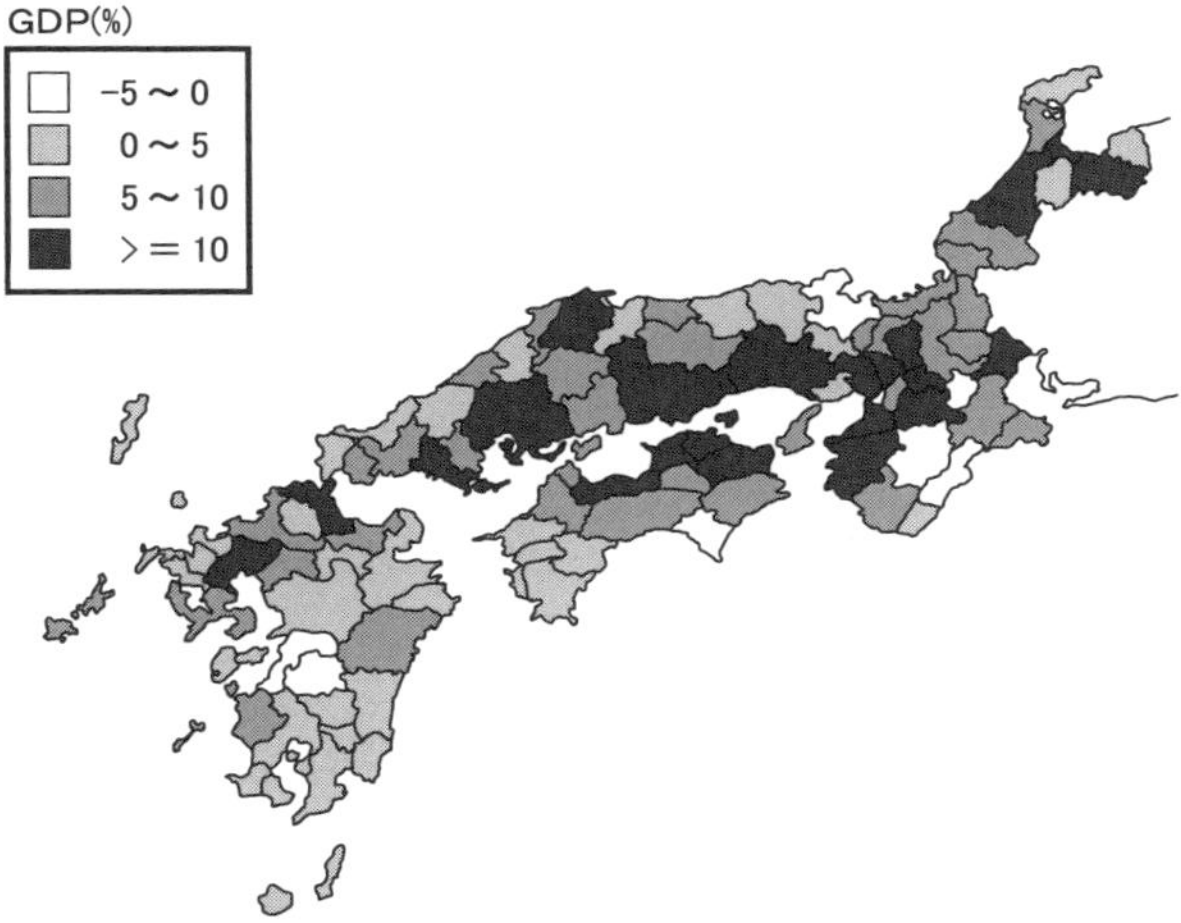

中央リニア新幹線全線と山陰新幹線・四国新幹線の一部区間を開通した場合を想定

出所：根津佳樹ほか、土木研究学研究・講演集2013年

つまり、首都圏に過剰に集中した様々な都市機能が、日本中に分散化し、西日本全体が成長し、そのセンター都市である名古屋、大阪も成長していくこととなるわけです。

そもそも、大阪、名古屋は、首都圏東京と1時間強でリニアでつなげられるのであって、各企業にしても、「首都直下地震の超絶リスク」に目をつぶりながら、東京にオフィスを構えることに固執する必然性は縮減していきます。つまり、各企業は首都圏に縛りつけられる必然性が低下し、太平洋ベルトのいずれかの地に、オフィスや工場を、それぞれの事情を勘案しながら、任意に立地させていくことが、より容易になるわけです。

このことは、一面において、太平洋ベルト内での東方から西方への分散化が果たされていくことを意味します。

そしてもう一面において、大阪、名古屋、そして東京を含めた地域が「一つの巨大都市圏」として、文字通り「統合」されていくことを意味しています。

そうなれば、21世紀において確実に激化するであろう、上海、シンガポール等のアジア諸都市も含めた国際的な「都市間競争」において、この「太平洋巨大都市圏」は、「ダントツのトップ」に躍り出ることになります。そして、21世紀の日本国家そのものが、この超巨大都市圏に牽引される形で、激化する国際競争の中で勝ち残り、成長を続けていくこととなるに違いありません。

つなげよう、ニッポン！　～首都を守る、大国家プロジェクト～

では最後に、東京がどうなるのかについて、イメージしてみましょう。

まず何より、東京に居ながらにして、いろいろな地域に行くことがより容易となることは間違いないでしょう。

［図5－5］をご覧ください。

これは先ほどと同様の前提で新幹線をつくった場合のインパクトを計算し、それを観光の視点からとりまとめたものです。ご覧のように、全ての地域で観光が活性化していることがわかります。これはつまり、都市部の人々を含めた大量の人々が、新幹線でつなげられた日本中の街々、土地土地を訪れるようになっていくことを意味しています。

ただし、「平時」においては、東京圏の規模は、今日の状況をピークとして、徐々に縮小していく方向となるでしょう。

しかしそれは、大幅な「衰退」を意味しているのでは決してありません。

そもそも首都圏では、（バブル経済時の一時の例外的な状況を除いて）人口が流入し続けているのです。つまり、ほんの10年、20年前を考えれば、その都市規模は今ほどに巨大なものではなかったのです。そしてそれが、今日の首都直下地震の被害想定を、極限にまで高めてしまっている最大の原因です。

だから全国を新幹線でつなげていき、それを通して人口、都市機能が分散していくことで、東京圏はようやく、今日のような「異常な状況」を脱して「正常な状況」を手に入れることが可能となるのです。

そもそも東京のあの通勤ラッシュは、しばしば「通勤地獄」と呼ばれていますが、まさにそう呼ぶにふさわしいほどにひどいものです。筆者は東京で7年間暮らしたことがありますが、正直申しまして、あの通勤地獄を味わいながら豊かな暮らし、豊かな人生を歩むなんてことは相当難しいのではないかとすら感じていたものです。経験なき方には理解し難いかもしれませんが、あの通勤ラッシュを味わわなくてすむだけで、東京の人々の幸福度が一気に上昇することは間違いありません（実際、幸福についての様々な心理学研究が一貫して示しているのは、通勤時の幸福感が人生全体の幸福感に大きな支配的影響力を持っているという事実です）。

そして、東京からの「分散化」が果たされるなら、一方で、そうした通勤地獄から逃れ

[図5－5] 新幹線などのインフラをつくった場合、
「10年後」の各地域の観光消費額の伸び率

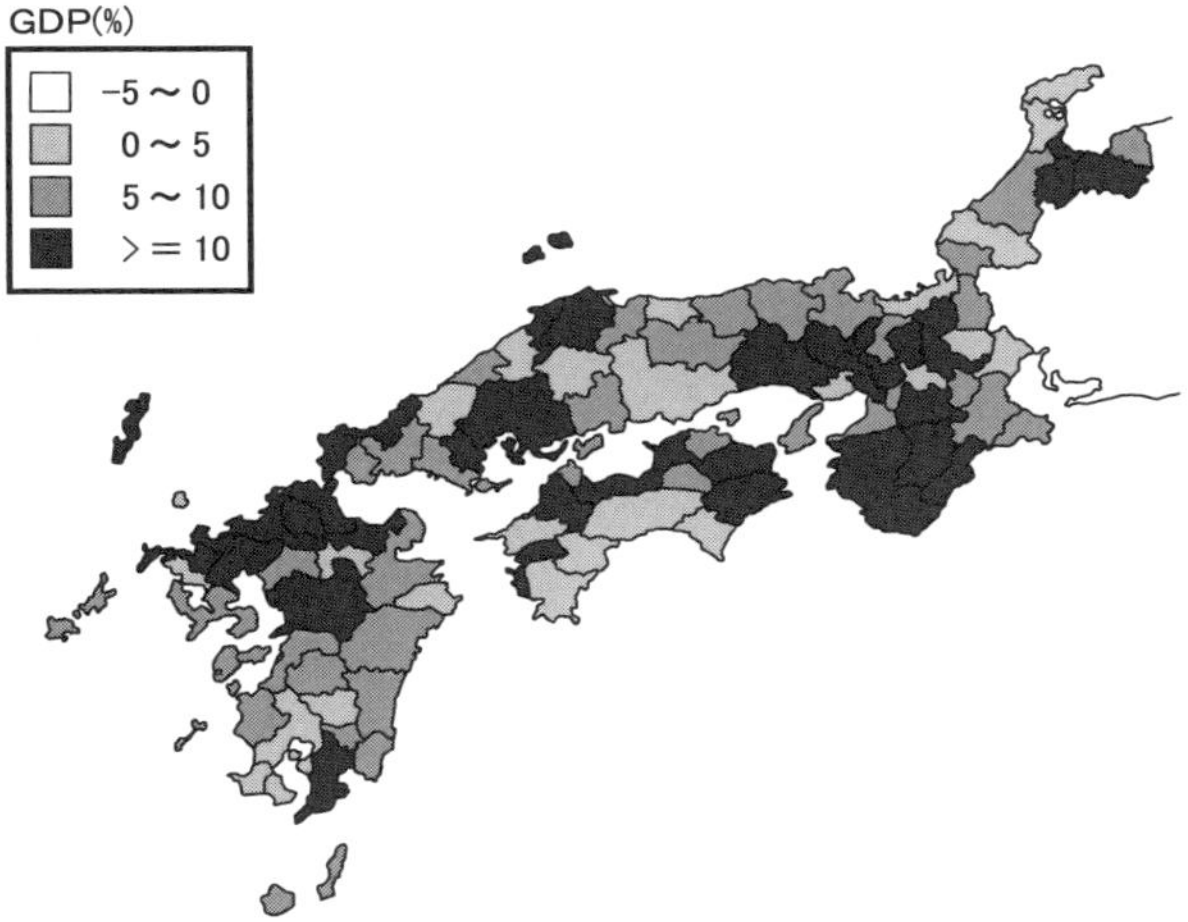

中央リニア新幹線全線と山陰新幹線・四国新幹線の一部区間を開通した場合を想定

出所：根津佳樹ほか、土木研究学研究・講演集2013年

られる人が増えることとなり、もう一方で、そのラッシュの水準も相当緩和されることとなるのです。これは今、東京に住んでいる人々の幸福感を大きく増進させることとなるでしょう。

しかし——いかに通勤がひどいものであったとしても、その地獄の水準は首都直下地震が起こったときに生ずるであろう「地獄」と比べれば、さながら「極楽」のようなものに思えてくる程度のものに過ぎないのかもしれません。

何十万人という死者、壮絶な火事、その後に訪れる食料と水の圧倒的不足、そして限られた水と食料を巡る、平時では考えられないような秩序崩壊——日本人がどれだけ勤勉で真面目だといっても、あの巨大都市がまるまる壊滅的ダメージを受けたとき、そこにどんな「地獄」が現れ出るのか、誰も正確に予測することなどできないのではないでしょうか——。

そんな地獄を少しでも軽減するには、建物やインフラ等を少しでも強靱化しておくと共に、一人でも多くの人々や企業が、事前に別の地に移転しておくことが何よりも重要なのです。

つまり「事前防災」において何よりも効果的なのは「事前避難」なのです。

「事前避難」が多ければ多いほど、それは被害の軽減につながり、避難民の減少を意味するのです。そしてさらにそれと同時に、「救援者」の増強も意味するのです。

私たちの国、日本の中心都市は、誰が何と言おうと、東京です。

それは、かつて幸田露伴《こうだろはん》が著書『一国の首都』で論じたように、日本を一人の人間になぞらえるなら、首都というものは「頭」なのです。それは日本という存在の象徴であると同時に中枢です。

ただし、今の、過剰に一極集中が進んでしまった東京は、人間で言うなら頭脳と顔だけでなく、心臓も肝臓も、はては手も足も何もかもがグロテスクなほどに集中しているような、そんな異常な集中都市だと解釈することもできるのではないでしょうか。だから今の東京は、わずかな破壊が襲いかかるだけで、日本国家の存亡にかかわるほどの致命傷を受けることとなってしまいかねないわけです。

こうした異常な状態を改善し、首都東京を抜本的に強靭化するためには、過剰に集中してしまった様々な機能を、元通りの状態に戻すことが必要です。

それが、「東京一極集中の緩和」という言葉が意味する内実なのであって、それを日本全国の国民が、一致団結して実現化しなければならないのです。

つまり私たちは、日本国民の首都、東京を救うために、地震が訪れる「前」に、東京の様々な機能を全国各地で少しずつ引き受けていくのです。そして、地震が起こり、東京が激甚被害を被った「後」のために、救援やバックアップなどの各種の支援ができるほどの「基礎体力」をしっかりと蓄えておくことが必要なのです。

そして、そうした備えを、全国民をあげたナショナル・プロジェクトとして進めていく上で、全国の新幹線の整備は極めて効果的な事業なのです。

しかも、東京がスリム化されればされるほどに、東京における「防災」や「強靱化」がどんどん容易になっていくのです。守るべきものが限られてくるなら、そもそも限られた財源等を、守るべきものを守るために効率的に集中させていくことが可能となるからです。つまり、こうした「一極集中緩和／分散化」に全力で取り組めば取り組むほどに、東京が被るダメージを最小化させることが可能となっていくのです。

全国をつなぐ新幹線が、「強く明るい国・日本」をつくりあげる

――以上、いかがでしょうか？

おそらくは、【図5－1】（158ページ）に描かれた、全国各地をつなげる新幹線網の実現は、多くの国民の目には、単なる「夢物語」にしか映らないのではないかと思います。

しかし、それがもし実現された場合、私たちの国がどうなっていくのかを合理的に想像すれば、大方の人々の想像を遙かに上回るであろう、にわかには信じがたいほどに明るい未来が見えて参ります。


今日、東京に集中し過ぎた都市エネルギーは、リニア新幹線に沿って太平洋ベルト全域に広げられていきます。それと同時に、三大都市圏が強固に統合され、その地に世界最大の巨大都市圏ができあがります。その巨大都市は、世界のどの都市よりも活力ある、ダントツの世界一の都市圏となります。

一方で、全国に張り巡らされた新幹線によって、そんな大都市圏から様々な機能と人口が全国各地に広められていきます。これによって、近年衰退の一途を辿っていた地方の各都市の疲弊は食い止められ、今よりも格段に成長を果たしていきます。

こうして、今日のような太平洋ベルトへの一極集中、東京への一極集中が抜本的に是正されると同時に、地方都市がさらに発展していくこととなります。そして、かつての江戸時代から明治の頃の日本のように――それは、【図1－3】（30ページ）に示した通りです

――東京だけでなく、そして大阪、名古屋だけでもなく、日本海側、北海道、九州、四国といったそれぞれの土地が、全国一体となって発展していくことが可能となっていきます。つまり、今や東京一極に集中し、限界に達しつつあった成長のエネルギーが、日本全土に広まることを通して、さらに拡大していくこととなるわけです。そうして、日本は今日とは全く異なる次元にまで、「成長」していくことが可能となるわけです。

それは、今日の「人口減少傾向」などというトレンドでは押しとどめることなどできないほどの成長エネルギーとなり得ることでしょう。そもそも成長というものは、人口だけで決められるものではありません。人口が仮にわずかに減少していく中でも、1人あたりの消費や所得が2倍になれば、経済規模もまた2倍近くにまで拡大するからです。

こうして全国を高速鉄道でつなげるネットワークを、もしも我が国に実現させることができるなら、我が国は再びGDPで中国を抜き返し、アメリカの経済規模に肉薄するほどの経済大国へと変貌していくことは、確かに考えられる現実的な未来なのです。

――もちろん、こうした話は、やはり「夢物語」ではないかと訝《いぶか》る読者の方も多かろうと思います。

しかしここで今一度、ローマ帝国の道のネットワーク【図4-1】（138ページ）を思い起こしてください。

彼らは、強靱な「意志」の力でもって、地方であろうがローマ周辺であろうが交通ネットワークをつくり、ローマ帝国全土を結び続け、「統合」し続けていきました。そしてその結果として、誰にも真似できないほどの強靱な国民統合を果たし、ローマ帝国を最強の国家へと仕立てあげていったのです。

そして、このローマ帝国の交通ネットワークと【図5-1】（158ページ）に示した我が国の新幹線ネットワーク計画とは、全国に張り巡らされているという点でまったく同じなのだということがおわかりいただけるのではないでしょうか。

さらに言いますと、かつて日本全国が万遍なく発展していた江戸時代もまた、ローマ帝国のように、全国をネットワークで結んでいたのです。【図5-6】を見れば、その形状は、今日の新幹線ネットワーク計画と驚くほどに類似したものと言うことができるでしょう。こうした交通ネットワークがあったからこそ、世界の非欧米諸国の中で唯一、（たまたまいち早く産業革命を成し遂げることができた）欧米諸国に植民地化されることなく、かつ、自らの独立を守るために徹底的に戦い抜くことが可能なほどの「国力」を我が国日本は手に入れることができたのです。

［図５－６］江戸時代における道路ネットワーク

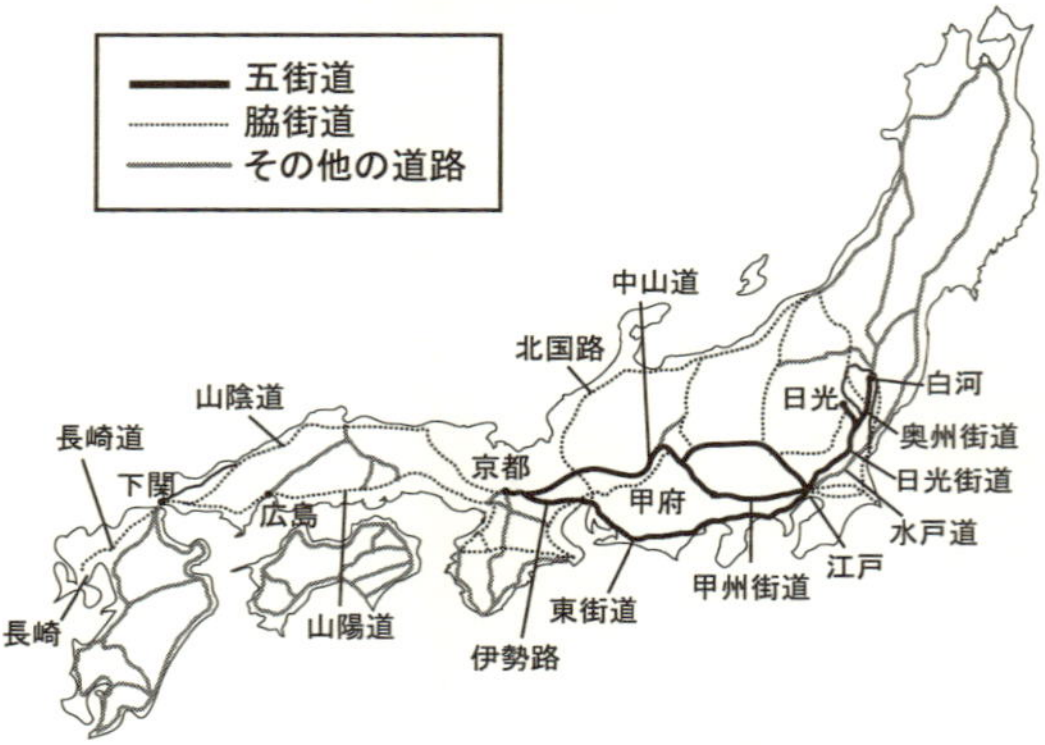

資料提供：波床正敏大阪産業大学教授

こうした交通ネットワークと国力の歴史を振り返れば、21世紀の交通手段である新幹線で全国各地を結びつける「ネットワーク」をつくりあげることができるのなら、我が国日本が「強大な大国」へと変貌を遂げていくことは十二分以上にあり得るのだということをご理解いただけるのではないでしょうか。

――そして、そこまでの強靱な国力を、我が国全土で手に入れることができたのなら、仮に東京、さらには大阪、名古屋を含めた太平洋ベルト地域において激甚な被害をもたらす巨大地震が発生したとしても、我が国はその激甚被害を、いともたやすく跳ね返し、その翌日から、衰退、衰弱ではなく、発展、成長を遂げ続けることが可能となることは間違いありません。

そんな超絶に強靱なナショナルパワー／国力を生み出す全ての源泉こそが、私たち国民一人一人が協力し合い、強力なチームをつくりあげる「国民統合」なのであり、それを具現化させる最も効果的なナショナル・プロジェクトこそが「夢の超特急ネットワーク」なのです。

そして、そんな夢のネットワークをつくりあげることができるのは、アメリカや中国や韓国やインドやドイツといった諸外国の人々の力では断じてありません。

日本全国に散らばる私たち日本国民こそが、そんな夢を手に入れるために、私たち同士を互いに「つなげる」ための夢のプロジェクトを始動させなければならないのです。

そんな取り組みを「いつ、やるの」かと言えば——それは言うまでもなく、「今」です。

それぞれがそれぞれの立場で、「今」「すぐ」にできることから、一つずつ一つずつ積み重ねていくことができれば、その夢は、いつか必ず、夢ではなくなるのです。

日本を変え、世界を変えた、あの夢の超特急・東海道新幹線も、それを構想したのは、十河とその周りのたったひと握りの人々だけでした。

「私たち」は、ほんの半世紀前にそれを成し遂げた国民なのです。そんな記憶を共有する私たちに、それができないはずなどないのです。

おわりに　～浮ついた「空気」から、真っ当な「世論」へ～

「空気」というものは移ろいやすいものです。

少し前には人気だったけど、今では誰も見向きもしないような考え方や政策は山のようにあります。今の時代に充満している空気だって、一寸先はどうなっているのかは誰にもわかりません。

例えば今、「日本海側に新幹線をつくる」「四国に新幹線を通す」なんて言えば、あちこちから「何、メチャクチャなことを言ってるんだ?」と言われてしまうでしょう。「今の日本に必要なのは、ナショナリズムなんです」なんて口にしても、「それは随分、極端だなぁ」なんて、いろんな人に言われてしまいます。

しかし、そんな「空気」が「正しい」とは限りません。というよりも移ろいやすいからこそ「空気」なのです。「真実」はそんなにコロコロ変わらない以上、その時々の空気が

「正しい」なんてことは滅多にありません。

本書で取り上げたのは、「新幹線」と「ナショナリズム」という、今ではネガティブな空気がべったりとまとわりついた二つのものです。しかし本書では、これらがこれからの日本の「成長」ひいては「生き残り」にとってどれほど重大な意味を持っているのかを社会科学的に、かつ、できるだけ平易な言葉だけを使いながら論じました。おそらく本書をお読みになった方々には、新幹線とナショナリズムの「重大な意義」を、そしてそれら両者が互いに高め合いながら大きく成長していくことではじめて「強い日本」がつくりあげられるのだという「物語」を、ご理解いただけるのではないかと感じています。

ついては本書が一人でも多くの日本国民の目にとまり、この平成の御代に充満する浮ついた「空気」が、少しでも冷静で真っ当な「世論」（輿論）へと昇華していくことを祈念しつつ、本書の結びとしたいと思います。


本書の着想は、評論家の中野剛志氏が筆者の研究室に在籍していたときに、彼と共同指導した梶原大督君の研究を経て得たものです。本書の三・四章に描写した東海道新幹線の物語は彼の修士論文の成果です。また、大阪産業大学波床正敏教授からは様々な助言と資料提供をいただき、本書の企画にあたっては、朝日新聞出版の二階堂さやか氏に大変にお世話になりました。ここに記して、関係各位に心から深謝の意を表します。

平成25年7月9日　東海道新幹線の車中（米原あたり）にて

藤井　聡

参考文献

青木保：「日本文化論」の変容――戦後日本の文化とアイデンティティー、中央公論社、1990

浅見均：東海道新幹線の長期不通時における利用者損失の評価、土木計画学研究・論文集、Vol.18、No.4、pp.729-735、2001

浅羽通明：ナショナリズム――名著でたどる日本思想入門、ちくま新書、2004

有賀宗吉：十河信二、十河信二伝刊行会、1988

有賀宗吉：十河信二別冊、十河信二伝刊行会、1988

飯吉厚夫・村岡克紀：ビッグ・プロジェクト――その成功と失敗の研究、新潮社、2008

碇義朗：「夢の超特急」、走る！　新幹線を作った男たち、文藝春秋、2007

梅棹忠夫：文明の生態史観、中央公論社、1967

運輸調査局編：運輸と経済、運輸調査局、Vol.29、No.3、1969

運輸調査局編：運輸と経済、運輸調査局、Vol.29、No.2、1969

運輸調査局編：運輸と経済、運輸調査局、Vol.29、No.8、1969

運輸調査局編：運輸と経済、運輸調査局、Vol.71、No.10、2011

運輸調査局編：運輸と経済、運輸調査局、Vol.29、No.5、1969

老川慶喜編著：東京オリンピックの社会経済史、日本経済評論社、2009

大内雅博編：仁杉巖の決断のとき、交通新聞社、2010

大澤真幸編：ナショナリズム論の名著50、平凡社、pp.296-313、2002

加藤秀俊：車窓から見た日本、日本交通公社、１９６７
萱野稔人：ナショナリズムは悪なのか、ＮＨＫ出版新書、２０１１
京極純一：日本人と政治、東京大学出版会、１９８６
経済同友会：ナショナル・プロジェクトのマネジメント——技術開発推進委員会報告書、１９７０
Gellner, E.：Nations and Nationalism, Blackwell Publisher Limited, 1983［加藤節監訳、民族とナショナリズム、岩波書店、２０００］
国際交通安全学会：「交通」が結ぶ文明と文化、技報堂出版、２００６
近藤正高：新幹線と日本の半世紀、交通新聞社、２０１０
佐伯啓思：ナショナリズム（国民主義）を欠落した「国民のための政治」、表現者、ｖｏｌ．28、pp.54－57、２０１０
佐伯啓思：日本の愛国心——序説的考察、ＮＴＴ出版、２００８
塩川伸明：民族とネイション——ナショナリズムという難問、岩波新書、２００８
塩田潮：東京は燃えたか　黄金の'60年代、そして東京オリンピック、講談社、１９８８
塩野七生：ローマ人の物語（10）すべての道はローマに通ず、新潮社、２００１
篠原武司：交通技術、交通技術協会、Ｖｏｌ．12、１９５８
篠原武司・高口英茂：新幹線発案者の独り言——元日本鉄道建設公団総裁・篠原武司のネットワーク型新幹線の構想、石田パンリサーチ出版局、１９９２
島秀雄：東海道新幹線：解説、日本機械学会誌、Ｖｏｌ．98、№．９１８、pp.３７１－３７４、１９９５
島秀雄：東海道新幹線計画の背景、日本機械学会誌、Ｖｏｌ．86、№．７７５、pp.５７９－５８１、１９８３

島秀雄：新幹線の性格がきまるまで、鉄道線路、№.8、1964
島秀雄：D51から新幹線まで——技術者のみた国鉄、日本経済新聞社、1977
島秀雄遺稿集編集委員会：島秀雄遺稿集——20世紀鉄道史の証言、日本鉄道技術協会、2000
進藤兵：高度成長期の国家の構造、大門正克他編、高度成長の時代1　復興と離陸、pp.335-390、大月書店、2010
須田寛：東海道新幹線　写真・時刻表で見る新幹線の昨日・今日・明日、JTBパブリッシング、2000
Smith, A. D.: National Identity, Penguin Books, 1991［高柳先男訳、ナショナリズムの生命力、晶文社、1998］
Smith, A. D.: The Ethnic Origins of Nations, Basil Blackwell, 1986［巣山靖司・高城和義・河野弥生・岡野内正・南野泰義・岡田新訳：ネイションとエスニシティ——歴史社会学的考察、名古屋大学出版会、1999］
角本良平：特集　鉄道の将来、運輸と経済、運輸調査局、Vol.29、№.3、pp.12-19、1969
角本良平：新幹線軌跡と展望——政策・経済性から検証、交通新聞社、1999
先崎彰容：ナショナリズムの復権、ちくま新書、2013
十河信二：有法子、交通協力会、1959
十河信二：技術革命と新幹線、十河信二別冊、十河信二伝刊行会、pp.145-150、1988
瀧山養：新幹線計画の推進、エコノミスト編集部編、高度成長期への証言（上）、日本経済評論社、1999
高橋団吉：新幹線をつくった男　島秀雄物語、小学館、2000

刀祢館正久：電卓と新幹線——先端技術ニッポンの傑作、新潮社、1983
日本国有鉄道鉄道技術研究所：十年のあゆみ——創立60周年、1967
中川大・波床正敏：整備新幹線評価論——先入観にとらわれず科学的に評価しよう、ピーテック出版部、2000
中野剛志：経済はナショナリズムで動く、PHP研究所、2008
中野剛志：国力とは何か——経済ナショナリズムの理論と政策、講談社、2011
中村隆英：昭和史Ⅱ、東洋経済新報社、1993
日本国有鉄道：新幹線十年史、日本国有鉄道新幹線総局、1975
日本放送協会放送世論調査所：東京オリンピック、1967
根津佳樹・神田佑亮・小池淳司・白水靖郎・藤井聡：西日本における国土強靱化インフラ整備による総合的マクロ効果予測研究、土木計画学研究・講演集、CD-ROM 47、2013
羽鳥剛史・中野剛志・藤井聡：ナショナリズムと市民社会の調和的関係についての実証的研究、人間環境学研究、Vol.8、No.2、pp.163-168、2010
Hecht, G.: 'Technology, Politics and National Identity in France', in Michael Thad Allen and Gabrielle Hecht(eds.), Technologies of Power: Essays in Honor of Thomas Parke Hughes and Agatha Chipley Hughes, Cambridge, MA: MIT Press, 2001
深川英雄：キャッチフレーズの戦後史、岩波書店、1991
藤井聡：土木計画学——公共選択の社会科学、学芸出版社、2008
藤井聡：維新・改革の正体、産経新聞出版、2012
藤井聡：救国のレジリエンス、講談社、2012

文藝春秋：「文藝春秋」にみる昭和史、Ｖｏｌ．２、文藝春秋、１９８８
松尾定行他著：新幹線パーフェクトバイブル、学研パブリッシング、２０１１
松平精：東海道新幹線に関する研究開発の回顧――主として車両の振動問題に関連して、日本機械学会誌、Ｖｏｌ．75、No.６４６、pp.１５５６－１５６４、１９７２
峯崎淳：日本を軌道に乗せた人たち、ＣＥ建設業界、Ｖｏｌ．56、No.１、２００７
安田浩他：座談会・新自由主義改革と国家統合、ポリティーク、No.４、旬報社、２００２
山之内秀一郎：新幹線がなかったら、朝日新聞社、２００４
「危機対応の研究　東日本旅客鉄道グループ（旅客運送業）新幹線、50日で復旧」『日経ビジネス』２０１１年５月２日号、pp.52－56
「東海道線増強調査会資料――調査会議事録、昭和32年1月23日」（『十河信二別冊』収録）
「北海道新幹線の建設促進に関する要望書」『北海道新幹線建設促進関係自治体連絡協議会』２０１１年７月
「北海道新幹線の札幌延伸を実現し東北と北海道の相互発展を期する決議」『東北・北海道関係自治体』２０１１年12月１日

藤井　聡 ふじい・さとし
1968年奈良県生まれ。京都大学土木工学科卒業、同大学大学院修了。東京工業大学教授、イエテボリ大学心理学科客員研究員などを経て、京都大学大学院教授、同大学レジリエンス研究ユニット長。専門は国土計画などの公共政策に関する実践的人文社会科学全般。表現者塾（西部邁塾長）出身。第2次安倍内閣官房参与（防災・減災ニューディール担当）。

朝日新書
419

新幹線《しんかんせん》とナショナリズム

2013年 8月30日 第 1 刷発行

著　者　藤井　聡

発行者　市川裕一

カバーデザイン　アンスガー・フォルマー　田嶋佳子

印刷所　凸版印刷株式会社

発行所　朝日新聞出版
〒104-8011　東京都中央区築地 5-3-2
電話　03-5541-8832（編集）
　　　03-5540-7793（販売）

Published in Japan by Asahi Shimbun Publications Inc.
ISBN 978-4-02-273519-5
定価はカバーに表示してあります。

落丁・乱丁の場合は弊社業務部（電話03-5540-7800）へご連絡ください。
送料弊社負担にてお取り替えいたします。

朝日新書

東大の大罪

和田秀樹

東大は必要か？　いっそつぶしたほうが日本はよくなるのでは？　シロアリ官僚、御用学者、原子力ムラ、無力な地震予知、京大に完敗のノーベル賞。戦後の「新制」東大卒の首相は鳩山由紀夫氏だけ――。虚妄の最高学府を斬る渾身の憂国論。

穏やかな死に医療はいらない

萬田緑平

多くの人が望みながらかなえられない「ピンピンコロリ」。実は、無駄な延命医療をやめることで、人は眠るように穏やかに、人間らしく死ぬことができる。外科をやめて終末医療に生涯をかける医師が語る、穏やかに死ぬための生き方。

自衛隊メンタル教官が教える

心の疲れをとる技術

下園壮太

ムリを重ねてうつになる、イライラや不安などの感情のムダ遣い、やる気が長続きしないムラのある人……。このムリ・ムダ・ムラに共通するのは「心のエネルギー」の使い方が下手なこと。心身の上手な整え方を、自衛隊のメンタルヘルスの教官が実践的にアドバイス。

瞬時に人の心をつかむ――

人生を変えるプレゼン術

井上岳久

プレゼンは最初の「つかみ」が特に重要だが、実は行う前にほぼ勝負は決まっている。ターゲットの好みや趣向の事前調査を怠ってはならないし、電車やトイレでのイメージトレーニングも欠かせない。PRの達人が教える最強のプレゼン術！

「やりがいのある仕事」という幻想

森 博嗣

私たちはいつから、人生の中で仕事ばかりを重要視し、もがき苦しむようになったのか？ 本書は、現在1日1時間労働の森博嗣がおくる画期的仕事論。自分の仕事に対して勢いを持てずにいる社会人はもちろん、就職活動で悩んでいる大学生にもおすすめ。

変わる力
セブン‐イレブン的思考法

鈴木敏文

変化対応できなければ会社も人も生き残れない。セブンが強い本当の理由とは？ チャンスを実現させるために必要なのは才能ではない！ 変化から「次」を予測し、どう「対応」するか。「変化対応力」がなければ生き残れない時代の必読の書！

日本人と宇宙

二間瀬敏史

三日月・十六夜・寝待月……満ち欠けする月の形に、これほど呼び名を付けた民族は他にない。近年では「はやぶさ」の成功も記憶に新しい。そんな日本人と宇宙の関係、そして現代の天文学者たちが切り拓く、新しい宇宙像を楽しく解説する一冊。

中国の破壊力と日本人の覚悟
なぜ怖いのか、どう立ち向かうか

富坂 聰

なぜ中国は「怖い」のか？ 突き詰めると「何を考えているかわからない」からだ。拡大する軍事力、ケタ違いの環境汚染、血塗られた粛清史、ルール無視の国民性。豊富な事例を武器に、怖さの「核心」に迫る。中国の全リスクを網羅、今後10年動じないための基礎知識。

地方にこもる若者たち
都会と田舎の間に出現した新しい社会
阿部真大

若者はいつから東京を目指さなくなったのか？　都会と田舎の間に出現した地方都市の魅力とは？　若者が感じている幸せと将来への不安とは？　気鋭の社会学者が岡山での社会調査などをもとに、地方から若者と社会を捉え直した新しい日本論。

太陽 大異変
スーパーフレアが地球を襲う日
柴田一成

「太陽の大爆発・スーパーフレアが生物種大量絶滅を起こした？」「銀河中心爆発の謎は太陽に隠されている」――。世界的科学誌「Nature」の査読者も恐れる論文を発表した太陽物理学の権威が、太陽と宇宙の謎に迫る科学的興奮の一冊。

キャリアポルノは人生の無駄だ
谷本真由美

自己啓発書を「キャリアポルノ」と呼び、その依存症が日本の労働環境の特殊性からくることを欧米と比較しつつ毒舌とユーモアたっぷりに論じ、疲れぎみの若者にエールを送る。twitter界のご意見番、May_Romaさんの初新書！

迷ったら、二つとも買え！
シマジ流 無駄遣いのススメ
島地勝彦

シングルモルト、葉巻、万年筆……。趣味・道楽に使ったお金は「ン千万円」!?　柴田錬三郎や今東光、開高健らの薫陶を受けた元『週刊プレイボーイ』編集長が語る、体験的「浪費」論。無駄遣いこそがセンスを磨き、教養を高め、友情を育むのだ！

天職
秋元 康
鈴木おさむ

あなたは今の仕事を天職だと思えますか？　放送作家の先輩・後輩としてリスペクトし合う2人が、「天職」で活躍し続けられる理由を徹底的に語る。AKB48はなぜ生まれたのか、ヒット作を出し続けるには。仕事に悩む全ての人に送る、魂の仕事論。

増補 池上彰の政治の学校
池上 彰

あの池上さんは、安倍政権をどう見ているか。アベノミクス、日銀との関係、憲法改正の行方……。夏の参院選を前に、13万部突破のベストセラー本の増補版を緊急出版！　政治の基礎、日本の「今」がわかる。投票前の必読書！

朝日新書

高度成長——昭和が燃えたもう一つの戦争

保阪正康

日本が劇的に変化した「高度経済成長」の時代を昭和史研究の第一人者が、「昭和の戦争」と対比して徹底検証。一直線に突き進む特異な国民性が浮き彫りになる。米国に迫る経済大国になった日本が得たもの、失ったものを解明する。

カネを積まれても使いたくない日本語

内館牧子

「〜でよろしかったですか」「〜なカタチ」など、違和感のある日本語が巷に溢れている。いまや、キャスターや政治家、企業幹部も無意識で使うこれらの言葉について、内館牧子がその「おかしさ」を正しく喝破！　美しい日本語を指南する。

北方領土・竹島・尖閣、これが解決策

岩下明裕

「海を自由に利用したい」という地元の声を反映した解決策を立てるべきだ——日米同盟に寄りかかるだけで指針を持たない日本政府に、「領有権」と「海の利用」をセットにして北方、竹島、尖閣のそれぞれについて独自の視座から解決案を示す大胆な意欲作。

クラウドからAIへ
アップル、グーグル、フェイスブックの次なる主戦場

小林雅一

しゃべるスマホ、自動運転車、ビッグデータ——。人間が機械に合わせる時代から、機械が人間に合わせる時代への変化はすべて「AI＝人工知能」が担っている。IT、家電、自動車など各業界のAI開発競争の裏側を描きつつ、その可能性と未来に迫る。